Die Geheimnisse
hinter den Wörtern
und Dingen

Thomas Hollweck

Die Geheimnisse hinter den Wörtern und Dingen

Ein Blick in die Vergangenheit
unserer Alltagssprache

Interessante Erklärungen
zur Entstehungsgeschichte
ganz alltäglicher Begriffe

*Bibliografische Information der
Deutschen Nationalbibliothek:*

*Die Deutsche Nationalbibliothek verzeichnet diese Publikation in der
Deutschen Nationalbibliografie; detaillierte bibliografische Daten
sind im Internet
über http://dnb.dnb.de abrufbar.*

© 2017 Thomas Hollweck
1. Auflage Januar 2017
Herstellung und Verlag:
BoD - Books on Demand, Norderstedt
ISBN: 978-3-7431-9363-5
Printed in Germany

Vorwort

Viele Begriffe aus der alltäglichen Sprache haben einen historischen Hintergrund, der weitgehend in Vergessenheit geraten ist. So steckt hinter meist ganz unscheinbaren Wörtern und Bezeichnungen aus unserem Alltagsleben eine unbekannte, aber hochinteressante Geschichte.

Es lohnt sich, den Spuren in die Vergangenheit zu folgen, da sie so manche Erkenntnis und Überraschung bereithalten.

Ich habe mich auf diesen Weg gemacht, und einige interessante Exemplare in der deutschen Sprache aufgesammelt, um sie ein wenig näher zu untersuchen. Immer wieder war ich sehr erstaunt über das, was ich entdeckte.

Das Ergebnis meiner Suche halten Sie gerade in Ihrer Hand. Ich hoffe, dass Sie, lieber Leser, ähnlich erstaunt und erfreut über das sind, was Sie in diesem Buch herausfinden werden.

Ich empfehle übrigens, das Buch nicht einfach nur zu lesen, sondern sich bei jedem neuen Begriff zunächst einmal selbst Gedanken zu machen, wo dieser herkommen könnte.

Erst dann, wenn Sie selbst eine Idee hinsichtlich des Ursprungs haben, sollten Sie die Erläuterungen dazu lesen. Sie werden so manche Überraschung erleben, denn viele Wörter haben ihre Herkunft in einer ganz anderen Ecke unserer Vergangenheit, als man auf den ersten Blick vermuten könnte.

Thomas Hollweck
Berlin im Januar 2017

Albtraum

Ein *Alb* ist in der germanischen Mythologie ein böses Wesen, das den Menschen nachts im Schlafzimmer heimsucht und die Luft zum Atmen abschnürt. Aus diesem Aberglauben heraus entstand der Begriff *Albdruck* bzw. der *Albtraum*. Konkret glaubten die Menschen, dass ein kleines Ungeheuer auf der Brust des Menschen sitzt und ihm dadurch das Atmen schwer macht.

Apokalypse

Die meisten von uns denken bei dem Begriff *Apokalypse* sofort an die schlimmsten Katastrophen, an das Ende von allem, an den Weltuntergang. Tatsächlich stammt das Wort aus dem griechischen und bedeutet ins deutsche übersetzt lediglich *Offenbarung*, eine Erzählung über den göttlichen Willen.

Dass wir dennoch so viel schreckliches mit der Apokalypse verbinden, liegt vor allem an der Offenbarung des Johannes im Neuen Testament. Johannes beschreibt dort, dass die Christen zunächst grauenvolle Leiden und das letzte Gericht über sich ergehen lassen müssen, um in eine bessere Welt zu gelangen. Vermutlich hat sich durch diese Schilderung allmählich eingebürgert, die Apokalypse als Sinnbild für Endzeitkatastrophen zu verstehen.

Autobahn

Als die ersten Autos auf Straßen fuhren, die nur noch für solche erlaubt waren, musste eine Bezeichnung dafür her. In Anlehnung an die allseits bekannte *Eisenbahn* griff man ganz simpel zur *Autobahn*.

Die erste nur für Autos zugelassene Straße war übrigens die *AVUS* in Berlin. Die Abkürzung steht für *Automobil-, Verkehrs- und Übungsstrecke* und wurde 1921 fertiggestellt. Es war die erste Autobahn der Welt. Pferde und Kutschen waren darauf nicht zugelassen, was damals ein ungewöhnliches und zunächst befremdliches Novum darstellte.

Balearen

Die beliebten Urlaubsinseln der *Balearen* (Mallorca, Menorca, Ibiza, Formentera, Cabrera) leiten ihren Namen von dem griechischen Begriff *ballein* ab, was so viel wie *werfen* heißt. Auf den Inseln lebten in der Antike Krieger, die besonders gut im Umgang mit Steinschleudern waren. Sie wurden als *Els Foners Balears* bezeichnet und waren sehr gefürchtet, da sie mit ihren Schleudern sehr präzise und bis zu 150 Meter weit schleudern konnten. Bereits in vorchristlicher Zeit war es auf den Balearen verbreitet, mit der Steinschleuder auf Jagd zu gehen. Diese Fähigkeiten wurden über die Jahrhunderte weg immer wieder von einer Generation zur nächsten weitergegeben.

Banause

Banause stammt von dem griechischen Begriff *banausos* ab und heißt so viel wie *Jemand der am Ofen arbeitet*. Damit meinten die alten Griechen Handwerker im allgemeinen, die selbst mit ihren eigenen Händen tätig werden mussten und sich keine Sklaven leisten konnten. Solche Personen hatten nach Vorstellung der antiken Griechen kaum Interesse an kulturellen Dingen, so dass sich der Begriff bis heute für Menschen gehalten hat, die von anderen als an kulturellen Dingen desinteressiert eingestuft werden.

Bank

Ursprünglich bestand eine Bank lediglich aus einzelnen Tischen, auf denen die Geldverwahrer und Kreditgeber ihr Geld auslegten. Da diese Tische sehr groß und lang waren, und damit eher einer langen *Bank* ähnelten, erwuchs daraus die bis heute gebräuchliche Bezeichnung *Bank* für ein Geldhaus.

Da dieses Geldwesen seinen Ursprung in Italien hatte, stammen bis heute zahlreiche Begriffe des Geldgeschäfts aus jenem Land. Sprechen wir beispielsweise davon, dass eine Person *bankrott* ist, so geht dies auf das italienische *la banca e rotta* zurück, was so viel heißt wie *Gebrochene Bank*. Denn kam ein Geldverleiher in Zahlungsnot und musste sein Geschäft aufgeben, so wurde ihm die Bank zerschlagen.

Barbecue (BBQ)

Ursprünglich stammt der Begriff *Barbecue* aus Kanada, als französische Trapper im 17. Jahrhundert dazu übergingen, ganze Bisons über einem riesigen Holzfeuer zu rösten. Das Tier lag damit komplett über den Flammen, die Trapper bezeichneten das spaßeshalber *vom Bart bis zum Schwanz*. Auf französisch heißt das dann *barbe á queue*, woraus sich das heute gebräuchliche Wort *Barbecue* entwickelt hat.

Berlin

Vorschnell könnte man an den Bären denken, den Berlin in seinem Wappen trägt und der früher in den Spreewäldern haufenweise herumtollte. Doch weit gefehlt, Berlin wurde von den Slawen gegründet und 1244 erstmals schriftlich erwähnt. Suchen muss man daher in der slawischen Sprache, und dort bedeutet *Berlin* so viel wie *Ort im Sumpf*. Das entspricht tatsächlich den damaligen Gegebenheiten, denn Berlin wurde auf einer feuchten morastigen sandigen Umgebung errichtet, die für den Städtebau nicht besonders geeignet war. Das macht aber nichts, denn schließlich konnten die damaligen Gründer der ersten Ansiedlung nicht wissen, dass später einmal eine Millionenstadt daraus werden würde.

Besitz

Schauen wir uns das Wort *besitzen* einmal genauer an, so sehen wir deutlich, dass am Ende ein *sitzen* hängt. Kann es sein, dass diese Bezeichnung tatsächlich ihren Ursprung darin hat, dass irgendjemand irgendwo herumsaß? Und ja, die Geschichte unserer Sprache kann manchmal wirklich seltsam sein, wie das folgende Beispiel zeigt: Erwarb im Mittelalter eine Person neues Land, so musste sie die symbolische Handlung des darauf *herumsitzens* vollziehen.

Konkret musste der neue Grundstücksbesitzer drei Tage lang auf seinem neuen Feld oder Stück Wald sitzen und dort Gäste bewirten. Vorgeschrieben war, dass er auf einem dreibeinigen Stuhl sitzen musste, denn die Erfahrung zeigte, dass drei Beine eventuelle Bodenunebenheiten besser ausgleichen konnten als vier Beine. Mit drei Beinen saß der Besitzer immer stabil, mit vieren konnte er ins wanken geraten. Seien wir froh, dass dieser ungewöhnliche symbolische Akt heute nicht mehr vollzogen werden muss.

Heutzutage wird *Besitz* und *Eigentum* gerne vermischt, ist aber zumindest in juristischer Hinsicht streng zu trennen: *Besitz* ist das, was man (zumindest bei kleinen Dingen) in der Hand hält, es stellt die tatsächliche Herrschaft über eine Sache dar. Man kann einen Bleistift besitzen, ohne dessen Eigentümer zu sein. *Eigentum* dagegen ist die rechtliche Herrschaft über etwas. Man kann Eigentümer eines Bleistiftes sein, der in Kanada herumliegt, denn Eigentum muss nicht vor Ort sein. Man ist dann aber nicht Besitzer dieses Bleistiftes, das kann allenfalls derjenige sein, der in Kanada gerade damit schreibt.

Im Zusammenhang mit dem Grundstückserwerb gibt es einen weiteren symbolischen Akt aus dem Mittelalter, der in eine bis heute genutzte Redewendung gemündet ist: Kam es damals zu einem Verkauf von Land, so wurde zusammen mit der Übergabe des Grundstücks ein *grüner Zweig* an den neuen Eigentümer übergeben. Diesen Zweig steckte zuvor der bisherige Eigentümer in den Boden und zog ihn bei der Übergabe heraus, um ihn dem neuen Eigentümer zu überreichen. Bürger, die aus finanziellen Gründen nicht dazu in der Lage waren, eigenes Land zu erwerben, erhielten dementsprechend nie einen grünen Zweig, sie blieben arm und landlos. So stellte sich der bis heute verwendete Spruch *Er kommt auf keinen grünen Zweig* ein, der eine Person bezeichnet, die es zu nichts bringt, arm bleibt und keinen Erfolg im Leben hat.

Bibel

Die Bezeichnung Bibel stammt von dem altgriechischen Wort *biblia* und bedeutet nichts anderes als *Bücher*. Die Bibel stellt eine Ansammlung von Einzelbüchern der Chronologen dar und wird, wie sicherlich jedem bekannt ist, als *Buch der Bücher* bezeichnet, das Buch von Gott.

Bikini

Der erste *Bikini* wurde auf einem Schönheitswettbewerb in Paris im Jahr 1946 der Öffentlichkeit präsentiert. Erschaffen wurde er von dem Designer Louis Réart, der bei der Namensgebung auf das Bikini-Atoll im Pazifischen Ozean zurückgriff. 1946 stand das Atoll im Mittelpunkt des öffentlichen Interesses, da man dort die ersten Atombomben der Welt getestet hatte.

Blaues Blut

Adelige vermieden es in früheren Zeiten, in die Sonne zu gehen und braun zu werden. Braune Haut war das Zeichen der niederen Schichten, da diese ihren Lebensunterhalt durch Arbeit auf dem Feld verdienen mussten. War jemand braun, so wusste man sofort, aha, ein niederer Arbeiter oder Bauer.

Durch die Blässe der adeligen Haut waren die Blutadern wesentlich besser zu sehen als bei den Feldarbeitern, teilweise schimmerten diese in blauer Farbe hindurch. Das medizinisch unwissende Volk ging davon aus, dass in den Körpern der besseren Schichten ein anderes Blut fließe, *blaues Blut*. Mit der Zeit entwickelte sich aus dieser Beobachtung eine Umschreibung für den gesamten Adel.

Bis heute achten manche Teile der Weltbevölkerung darauf, so wenig wie möglich Kontakt mit der Sonne zu haben. Vor allem auf einige asiatische Länder trifft das zu. Diese Menschen glauben nach wie vor, dass braune Haut in Verbindung mit der Arbeiterklasse gebracht wird und erachten sie daher als unschicklich.

Natürlich gibt es kein blaues Blut in unseren Adern, dieses ist immer nur rot, und auch die Gefäßwände selbst haben keine Farbe, sondern sind farblos. Leuchtet man mit einer starken Taschenlampe durch die Hand, so kann sich jeder selbst davon überzeugen, dass dort rotes Blut fließt. Der Eindruck, dass in manchen Venen tatsächlich blaues Blut fließt, entsteht dadurch, dass die roten Anteile des Tageslichts vom Gewebe der Haut absorbiert werden, so dass vom Farbspektrum des Blutes vornehmlich die blauen Anteile ins Auge des Betrachters zurückgeworfen werden.

Und was ist überhaupt aus dem Adel geworden? Gibt es heutzutage offiziell noch Adelige? Auch wenn vor allem in den Printmedien jede Woche die neuesten Geschichten der Adeligen in Deutschland vorgestellt werden, so darf es diese Bezeichnung inzwischen eigentlich nicht mehr geben. Denn mit dem Inkrafttreten der Weimarer Reichsverfassung im Jahr 1919 wurden alle Vorrechte des Adels abgeschafft. Ab diesem Zeitpunkt gab es nur noch gesetzlich gleichgestellte Deutsche. Erlaubt wurde aber, die bis dato getragenen Titel weiterzunutzen und an die Nachfahren zu vererben. In Österreich dagegen ging man einen Schritt weiter, dort wurde zur selben Zeit sogar die Benutzung der Titel unter Strafe gestellt.

Bleistift

In einem Bleistift steckt Grafit, aber kein Blei. Doch woher hat der Stift dann seinen Namen? Selbst in früheren Zeiten fand sich nie Blei in dem Bleistift, obwohl es ihn schon seit 500 Jahren gibt. Der Stift kam durch eine simple Fehldeutung zu seinem Namen! Als Grafit erstmalig entdeckt wurde, war den damaligen Wissenschaftlern zunächst unklar, womit sie es zu tun hatten. Man vermutete, es könne sich um eine *Art von Blei* handeln, und gab dem neuen Stoff die Bezeichnung *plumbago*. Das heißt so viel wie *Stoff, der sich wie Blei verhält*. Denn Blei heißt auf lateinisch *plumbum*. Da in dem neuen Schreibwerkzeug ein Stoff steckte, der sich wie Blei verhält, wurde daraus der *Bleistift*. Diese Bezeichnung leuchtete den Benutzern ein, denn die Farbe, in der der Stift schrieb, war bleifarben.

Bluetooth

Bluetooth heißt auf deutsch *Blauzahn* und stellt eine heute gebräuchliche Möglichkeit dar, zwei elektronische Geräte über kurze Distanz drahtlos per Funk miteinander zu verbinden. Erfunden hat das ganze die schwedische Firma Ericsson. Diese wollte durch die Namensgebung an den dänischen und norwegischen König *Harald I. Blauzahn Gormson* erinnern, der vor ca. 1000 Jahren das dänische Volk vereinte.

Bockwurst

Die *Bockwurst* stellt keine Wurst aus Bockfleisch dar, sondern geht auf ihren Erfinder *Wilhelm Bock* zurück, einem Berliner Fleischermeister.

Bocksbeutel

Früher stellte der *Bocksbeutel* eine kleine Tasche bzw. sogar nur einen Überzug für Bücher dar, den Ratsherren im Mittelalter für ihre Gebets- und Gesangbücher nutzten. Diesen Beutel trugen sie in den Gottesdienst und zu offiziellen Anlässen am Gürtel. *Bock* hat dabei nichts mit dem Tier zu tun, sondern stammt vom alten deutschen Wort *book* für *Buch* ab. Insofern war der Bocksbeutel früher nur ein Bücherbeutel. Allerdings nannten auch die deutschen Soldaten ihre flachen Feldflaschen spaßhaft Bocksbeutel. Man vermutet daher, dass aus diesem Grund der Bocksbeutel zu einem späteren Zeitpunkt Einzug in die Sprache der Winzer fand und diese ihre neue Aufbewahrungsform für Wein *Bocksbeutel* nannten.

Bonze

Ein *Bonze* ist ursprünglich ein japanischer Hohepriester aus früheren Zeiten. Wie kann es nun sein, dass ein asiatischer Priester als Synonym für reiche Personen in Deutschland steht? Das ganze ereignete sich vor ungefähr 150 Jahren, als der asiatische Kontinent plötzlich „in" war, und alle etwas über dieses geheimnisvolle Reich erfahren wollten. Es gab zahlreiche Forschungsreisen nach Asien, und ebenso viele Vorträge der Zurückgekehrten. Der Begriff *Bonze* blieb in der Bevölkerung hängen und entwickelte sich zum Standardbegriff fernöstlicher geheimnisvoller reicher Tempelkultur. Schließlich kam die Arbeiterrevolution, und das Volk beanspruchte die Macht. Die Reichen wurden plötzlich verachtet, und *Bonze* wurde zum Synonym für die Reichen und Mächtigen, so dass sich die ursprünglich positive Bedeutung in eine negative umkehrte.

Bourbon Whisky

Der *Bourbon Whisky* entstammt ursprünglich dem Bourbon County, einem Landkreis im US-Bundesstaat Kentucky. Dort hatten die Siedler ein Problem mit ihrem Roggen, er wuchs nicht so, wie sie es wollten. Schließlich schwenkte man auf Maisanbau um, und dieser wuchs wie gewünscht. Glücklicherweise stellte sich heraus, dass auch aus Mais ein guter Whisky hergestellt werden kann. Das Maisdestillat war ein großer Erfolg und wurde unter der Bezeichnung *Whisky aus Bourbon* verkauft.

Boykott

Boykott geht auf den irischen Gutsverwalter *Charles Cunningham Boycott* zurück, welcher als gnadenlos böser Geldgeier bekannt war. Irgendwann im 19.Jahrhundert war es seinen Pächtern zuviel des guten, sie wollten sich nicht mehr von ihm schikanieren lassen. Mit der Vereinigung der Irischen Landliga im Rücken verweigerten sich die Pächter der weiteren Pachtnahme und suchten sich einen anderen Gutsherren. Ab diesem Zeitpunkt fand Charles Cunningham Boycott keine Pächter mehr und konnte demzufolge auch keine Einnahmen mehr erzielen. Er wurde schließlich durch das Verhalten derjenigen Personen, durch die er zuvor Geld verdiente, gemeinsam in den wirtschaftlichen Ruin getrieben. Diese Aktion fand als *Boykott* ihren Einzug in den allgemeinen Wortschatz.

Brautstrauß

Wie wir alle wissen, wurde in früheren Jahrhunderten nicht besonders viel Wert auf ausreichende Körperhygiene gelegt. Ja, man kann sogar sagen, dass die Menschen regelrecht stanken. Besonders problematisch wurde dieser Umstand immer dann, wenn es zu Ansammlungen vieler Menschen kam, beispielsweise bei einer Hochzeitsgesellschaft. Der Gestank der ungewaschenen Gäste, zusammen mit dem verbrannten Weihrauch der Kirche, musste zu unerträglichen Geruchswolken geführt haben.

Trat nun eine Braut hinzu, die an diesem Tag sicherlich etwas nervös gewesen sein durfte, womöglich nichts gegessen hatte, und auch sonst aufgrund der Anspannung in eher geschwächter Verfassung war, so kam es nicht besonders selten vor, dass eben jene vor Nervosität in Verbindung mit den sie umgebenden Düften kurzerhand in Ohnmacht fiel.

Das war unschön, denn die Braut sollte freudestrahlend heiraten, und nicht mit grünem Gesicht leblos am Boden herumliegen. Die

Leute überlegten, wie dieser Umstand zukünftig verhindert werden könne, und ersannen den *Brautstrauß*: Die Frau bekam einen stark riechenden Blumenstrauß in die Hand gedrückt, an dem diese bei Bedarf riechen oder längere Zeit vor ihre Nase halten konnte. Eine Wohltat für die angehende Ehefrau, da sie nun einen wirkungsvollen Geruchsneutralisator bei sich hatte, und nicht mehr permanent vor Übelkeit umkippen musste.

Der Brautstrauß wurde mit der Zeit immer mehr verfeinert, man legte die Blumen anhand ihrer Symbolkraft genau fest und dachte auch an deren Geruch. So wurde beispielsweise Myrte in den Strauß integriert, die für Reinheit steht und aufgrund ihrer enthaltenen ätherischen Öle besonders gut gegen die unangenehmen Gestänke der Hochzeitsgesellschaft helfen konnte. Hinzu kam Efeu, das für Treue steht, Lilien, die ebenso wie Myrte die Reinheit symbolisieren, und rote Rosen, die das Symbol der wahren Liebe sind.

Brezel

Um eine Brezel mit Weißwurst und Weizenbier genießen zu können, muss man weder ihre Form verstehen, noch wissen, woher der Name kommt. Interessant ist es aber auf jeden Fall. Die gebräuchlichste Theorie für ihr Aussehen stammt aus der Annahme, dass das Laugengebäck ursprünglich gar nicht von den Bayern erfunden wurde, sondern von italienischen Mönchen. Diese wollten durch die Formgebung die beim Gebet überkreuzten Arme des Mönchs darstellen. Dazu passt der Name der Brezel: Dieser stammt vom lateinischen Wort *bracchium* ab und bedeutet nichts anderes als *Arm*.

Dass die Brezel ursprünglich aus Italien kommt, glauben viele Historiker, denn in spätrömischen Zeiten hatten die frühen Christen für das Abendmahl ein bestimmtes Brot in Form eines Rings von den Römern übernommen. Aus dem Ring entstand im Laufe der Jahre ein in sich verschlungenes Gebäck – die Form der Brezel war geboren. In der heute verspeisten Form kennt man die Brezel als Fastenspeise von Mönchen aus Zeichnungen und Notizen bereits seit dem 11. Jahrhundert.

Warum gehen dennoch so viele von uns davon aus, dass die Brezel ein typisch bayerisches Gebäck sei? Eine mögliche Erklärung hierfür ist, dass es in Bayern besonders viele Klöster gab. Aufgrund ihres christlichen Entstehungshintergrunds kann es daher gut sein, dass schon damals die meisten Brezeln in Bayern verspeist wurden.

Briefmarke

Eine Briefmarke auf den Brief zu kleben, um dessen Beförderung als bezahlt zu markieren, war nicht zu allen Zeiten so selbstverständlich wie heute. Als die Briefbeförderung noch in ihren Anfangsschuhen steckte, gab es solche Marken nicht. Denn bezahlen musste die Person, die den Brief erhielt. Eine Marke zum Markieren des vorab bereits erfolgten Zahlvorgangs war somit überhaupt nicht erforderlich.

Gleichzeitig konnte dieses System aber ein erhebliches Problem darstellen, denn die Postbeförderung war nicht gerade günstig und brachte so manchen Empfänger in Zahlungsschwierigkeiten. Anfang des 19. Jahrhunderts lag der Preis für einen Brief sogar so hoch wie der Tageslohn für einen Hausangestellten. Aus diesem Grund war das Empfangen von Briefen eher ein Privileg von reichen Personen.

Schließlich kam 1840 der englische Lord Rowland Hill auf die Idee, dass die Beförderung bereits vor der Versendung bezahlt werden könne, wenn diese Zahlung durch eine aufzuklebende Marke nachgewiesen werden würde. So war plötzlich die Briefmarke erfunden und revolutionierte das gesamte Postwesen.

Eine interessante Frage nebenbei: Wir alle wissen, dass der Betrag auf einer Briefmarke immer etwas höher ausfällt, wenn der Brief ins Ausland geht. Doch wie wird das Porto zwischen den beiden beteiligten Ländern aufgeteilt? Dieses Problem stellte sich bereits 1874, und man beschloss, auf Anregung des deutschen Generalpostdirektors einen Weltpostverein zu gründen. Dieser wurde *Union Postale Universelle* genannt und hat seit der Gründung im Jahr 1875 seinen Sitz im schweizerischen Bern.

Die Institution trifft sich alle fünf Jahre und legt fest, wie das Porto auf einer Briefmarke aufgeteilt wird, also welchen Anteil das absendende Land und welchen das empfangende Land erhält. Das Land, in dem der Brief losgeschickt wird, darf nach dem Schlüssel einen bestimmten Anteil am Porto behalten, den Rest muss es an das Land abtreten, in dem der Brief dem Empfänger zugestellt wird. Der Schlüssel berücksichtigt dabei alle relevanten Umstände des jeweiligen Landes, wie beispielsweise das dortige Lohnniveau oder die tatsächlich anfallenden Transportkosten.

Und noch ein interessanter Fakt zu den Motiven auf Briefmarken: Wo kommen diese eigentlich her? Wer bestimmt, was wir auf unsere Briefumschläge kleben? Warum sind es manchmal Tierkinder, manchmal Oldtimer, und manchmal Seenlandschaften? Nun, diese Bilder werden nicht etwa von oben herab festgelegt, wie man vermuten könnte, sondern interessanterweise aufgrund von Vorschlägen aus der deutschen Bevölkerung. Jedes Jahr veranstaltet das Bundesfinanzministerium, welches der offizielle Herausgeber der Briefmarken ist, einen Ideenwettbewerb, an dem jeder teilnehmen kann. Eine Person hat dabei die Möglichkeit, bis zu drei Motive vorzuschlagen. Die besten davon werden schließlich von einer eigens hierfür bestimmten Jury ausgewählt und dann von professionellen Briefmarkengestaltern in die letztendlich gedruckten Motive umgesetzt.

Wenn wir schon einmal bei der Post sind: Warum besitzt diese ein Horn als Symbol? Bedeutet das, dass früher die Postboten in ein Horn bliesen, um die Verteilung der Briefe anzukündigen?

An dieser Vorstellung ist etwas wahres dran, denn die ersten Briefe im Mittelalter, sofern es sie denn gab, wurden durch Metzger verteilt. Klingt seltsam, war aber tatsächlich so. Die Fleischfachmänner gehörten in dieser Zeit zu der Berufsgruppe, die dank ihres Vieheinkaufs auf verschiedenen Märkten und Gemeinden mit am meisten in der Gegend herumkamen.

Das führte dazu, dass man ihnen die Aufgabe übertrug, Briefe mitzunehmen und zu verteilen. Man darf sich das sicherlich nicht wie das heutige professionelle Postsystem vorstellen, sondern eher so, dass bestimmte wenige schriftliche Benachrichtigungen vom Metzger übergeben wurden.

Die Schlachter hatten die Tradition, dass sie ein Rinderhorn bei sich führten und darauf bliesen, wenn sie sich auf den Weg zum Viehkauf machten. Dadurch fand die Tradition der Postboten, ein Horn mit sich zu führen, ihren Anfang.

Nach einer ganzen Weile ging man schließlich dazu über, das Postwesen zu professionalisieren. Im Jahr 1490 übertrug Kaiser Maximilian I. der italienischstämmigen Familie Torre e Tassis die Aufgabe, einen Postweg durch das gesamte Reich einzurichten, um auf diese Weise die kaiserlichen Dokumente befördern zu können. Mit dieser Übertragung erhielt die Familie gleichzeitig das alleinige Recht, das Posthorn benutzen zu dürfen. Inzwischen verwendete man kein Rinderhorn mehr, sondern aus Metall gefertigte Hörner.

Die Postboten nutzten nun das Horn, um ihr Kommen bereits von weitem anzukündigen. Das beschleunigte den Ablauf, da Stadttore und Schlagbäume bereits bei Erklingen des Horntons geöffnet wurden. Zudem konnte sich der nächste Reiter oder Kutscher bereithalten, um den bisherigen abzulösen. Das Horn war ein wichtiger Bestandteil der Postbeförderung geworden.

Kein Wunder, dass dieses wichtige Instrument letztendlich seinen Weg in das Wappen der Post fand: Das Zeichen der Deutschen Reichspost verwendete zunächst noch ein gelbes Horn mit goldener Schnur und zwei Quasten. Die Deutsche Bundespost machte daraus eine modernisierte Version mit Horn und vier Blitzen, wobei die Blitze für den Bereich der Telekommunikation standen. Heute sind die Blitze zu vier Strichen unterhalb des Horns begradigt worden, das Horn ist jetzt schwarz, und der Hintergrund gelb.

Buenos Aires

Im Jahr 1536 landete der spanische Eroberer Pedro de Mendoza an der Stelle, die heute den Namen *Buenos Aires* trägt. Ihm fiel als Vollblutseefahrer sofort auf, dass die Windverhältnisse an der Landungsstelle außerordentlich gut waren. So wurde das Areal der *Heiligen Jungfrau der Guten Winde* geweiht und erhielt den Namen *Nuestra Senora Santa Maria del Buen Ayre*. Der heute gebräuchliche verkürzte Name *Buenos Aires* heißt daher so viel wie *Gute Lüfte*.

Bulle

Die beleidigende Bezeichnung *Bulle* für einen Polizisten stammt nicht aus dem Tierreich, sondern geht auf den Ausdruck *Puhler* zurück. Das war in der Gaunersprache des 18. Jahrhunderts schlicht eine andere Bezeichnung für Gendarm, hat selbst seinen Ursprung aber im niederländischen *bol*, was so viel wie *Köpfchen*, *Verstand* und *Grips* bedeutete. So betrachtet stellte *Puhler* damals sogar eine heimliche Anerkennung der Gendarmen dar, da sie mit Verstand und Grips ihren Kopf benutzten, um auf Verbrecherjagd zu gehen.

Die im amerikanischen bekannte Bezeichnung *Cop* für einen Polizisten hat übrigens ihren Ursprung im Wort *copper*, was auf deutsch *Kupfer* heißt. Die Scheriffsterne waren im Wilden Westen aus Kupfer gefertigt, so dass sich aus diesem Metall die Bezeichnung einer ganzen Berufsgruppe herausbildete.

Bundeskanzler

Warum heißt in Deutschland der mächtigste Mann im Staat eigentlich *Bundeskanzler*? Und nicht Präsident? Wie so vieles hat natürlich auch dieser Umstand seine historischen Wurzeln. Ursprünglich bezeichnete man im Mittelalter mit *Kanzler* einen Beamten, der für den Herrscher Staatsurkunden schrieb.

Erst später benutzten vereinzelt Politiker den Titel *Kanzler*, um ihre Kompetenz in Staatsverwaltungsangelegenheiten zu unterstreichen. Mit Otto von Bismarck wurde der Begriff *Kanzler* schließlich zur offiziellen Bezeichnung des führenden Staatsoberhauptes, welcher aber gleichzeitig noch darauf hindeutete, dass Bismarck ein Untertan des Kaisers blieb. Nach dem zweiten Weltkrieg sollte durch die bewusste Wahl des Titels *Kanzler* deutlich gemacht werden, dass das deutsche Staatsoberhaupt nicht von oben herab das Volk beherrscht, sondern selbst ein Diener des Volkes ist.

Bunt

Bunt leitet sich von dem im Klosterleben benutzten Begriff *punctus* ab, womit schwarzes Stickwerk auf weißem Tuch gemeint war. Somit verstand man unter *bunter* Kleidung zunächst nur schwarzweiße Kleidung, im Gegensatz zu einfarbigen Kleidungsstücken. Als *Buntwerk* bezeichneten die Mönche gefleckten oder gestreiften Pelz. Erst der Ausdruck *kunterbunt* umfasste mehr Farben als zwei. Später, im 14. Jahrhundert, nahm die Bezeichnung *bunt* die heutige Bedeutung von mehreren Farben gleichzeitig an.

Bürger

Der *Bürger* einer Stadt war ursprünglich ein althochdeutscher *Burga*, was so viel wie *Schutz* hieß. *Burga* waren somit die Einwohner einer burgartigen, durch Mauern und Türme geschützten Stadt.

Burrito

Burrito kommt aus dem mexikanischen und bedeutet *kleiner Esel*. Man vermutet, dass die Form der zusammengerollten Teigfladen seinen Erfinder an Eselsohren erinnert hat.

Carpaccio

Carpaccio ist hauchdünn geschnittenes rohes Rinderfilet. Seine Geburtsstunde hatte das Gericht in Venedig, dort ließ sich 1950 ein Wirt für einen besonderen Gast ein neues Gericht einfallen. Seine Wahl fiel eben auf diese Rindfleischscheibchen. Da ihn das Rot des Fleisches an die Lieblingsfarbe des ihm bekannten Malers Vittore Carpaccio erinnerte, benannte der Wirt sein neu kreiertes Gericht schlicht und einfach *Carpaccio*.

Catwalk

Ursprünglich stellte ein *Catwalk* eine schmale Holzbrücke mit Geländer dar, die von Fabrikarbeitern benutzt werden konnte, um zwischen hoch liegenden Maschinenanlagen in englischen Produktionsanlagen hin- und herzulaufen. Heute steht *Catwalk* weltweit für den Laufsteg, auf dem Models die neueste Mode katzenanmutig präsentieren.

Christen

Die alten Römer bezeichneten Anhänger des neuen Glaubens als *Taugenichtse*, was im Lateinischen *achrestoi* hieß. Vermutlich schienen ihnen die Anhänger Jesu derart suspekt, dass sie diese durch den herabwürdigenden Begriff in einem schlechteren Licht dastehen lassen wollten als sich selbst. Wer andere erniedrigt, hebt gleichzeitig immer auch die eigene Position herauf.

Es hat nichts gebracht, die Christen haben länger durchgehalten als die Anhänger der römischen Vielgötterei. Aus *achrestoi* hat sich mit der Zeit die Bezeichnung *Chrestus* herausgeschält, aus dem dann das heutige Wort *Christen* entstanden ist.

Eine andere mögliche Entstehungsgeschichte der Bezeichnung *Christen* leitet sich ganz simpel von *Jesus Christus* ab. *Christus* ist dabei die lateinisierte Form für das griechische Wort *Christos*, was wiederum die griechische Bezeichnung für das hebräische Wort *Messias* darstellt. Es bedeutet *Der Gesalbte Gottes*.

Wenn wir schon mal bei den Christen sind, dann soll an dieser Stelle auch gleich erklärt werden, warum wir beim Beten die Hände zusammenfalten: Auf den ersten Blick hört sich diese Frage verwunderlich, an, denn es erscheint uns als ganz normal, beim Beten die Hände in der gewohnten Weise ineinander zu verschränken oder die Handflächen aneinander zu legen. Doch das war nicht immer so. Die frühen Christen streckten ihre Arme beim Beten weg vom Körper und hielten die Handflächen in Richtung Himmel. Diese Geste sollte darstellen, dass sich der Betende Gott unterwirft, zudem wurde dadurch die Haltung Jesu am Kreuz nachgebildet.

Unsere heute benutzte Handhaltung beim Beten entstammt dagegen dem Mittelalter, als Knappen ihrem Ritter mit diesem Symbol auf Knien sitzend die Treue schworen. Im 13. Jahrhundert legte der Papst Gregor IX. schließlich fest, dass diese Haltung auch in der Kirche zu verwenden sei. Er war der Meinung, dass der Gläubige sich dadurch besser auf Gott konzentrieren könne, als wenn er mit ausgestreckten Armen längere Zeit stehen müsse. Bis heute hat sich diese Art der Handverschränkung beim Beten erhalten.

Christstollen

In früheren Zeiten galt die Zeit des Advent als Fastenzeit, gegessen wurde überwiegend ein eher nicht so gut schmeckendes Gebäck in Stollenform, welches als *Fastenbrot* bezeichnet wurde. Im 16. Jahrhundert kam ein Dresdner Hofbäcker auf die Idee, dieses Brot speziell für die Weihnachtstage etwas aufzubessern. Er fügte dem bisherigen Rezept Trockenfrüchte und mehr Butter hinzu, und bestreute das Ergebnis mit so viel Puderzucker, dass es dem in weiße Leinen eingewickelten Jesus in der Krippe ähnelte. Das neue Fastenbrot wurde unter dem Namen *Christstollen* zum Verkaufsschlager und trat damit seinen deutschlandweiten Siegeszug an.

Countdown

Inzwischen haben wir uns daran gewöhnt, dass bei einem Raketenstart oder an Silvester von zehn bis null rückwärts gezählt wird. Doch woher kommt das? Lange Zeit dachte ich, dass die Rückwärtszählung schlicht und einfach von der NASA eingeführt wurde. Doch tatsächlich geht der Ursprung des Countdowns auf einen der ersten Science-Fiction-Filme dieser Welt zurück, auf Fritz Langs *Die Frau im Mond*. Hierbei handelt es sich um einen deutschen Stummfilm aus dem Jahre 1929. Da der Regisseur Fritz Lang keinen Ton zur Verfügung hatte, musste er sich ein anderes Element überlegen, um die Sekunden vor dem Raketenstart für das Publikum spannend darzustellen. Er entschied sich schließlich für das Rückwärtszählen bis auf Null, da so dem Zuschauer deutlich gemacht werden konnte, wann mit dem Start der Rakete zu rechnen ist. Hätte er aufwärts gezählt, so wäre es für das Publikum unklar gewesen, wann der Start erfolgt. Diese von Fritz Lang eingeführte Zählweise wurde später von der NASA übernommen und hat sich bis heute gehalten. Der amerikanisch anmutende Countdown geht somit auf einen alten deutschen Film zurück. Wer hätte das gedacht?

Dämlich

Das Schimpfwort *dämlich* hat natürlich nichts mit der *Dame* zu tun, sondern leitet sich von dem im Mittelalter gebräuchlichen Begriff *dämelen* ab, was so viel heißt wie *taumeln, besoffen sein* oder *torkeln*. Die Bezeichnung *Dame* stammt dagegen vom lateinischen Wort *domina* ab, was auf deutsch *Hausherrin* heißt.

Dauerbrenner

Früher, als Häuser noch keine Zentralheizung und Wohnungen noch keine Gasetagentherme besaßen, wurden Wohnräume mit gewöhnlichen Öfen befeuert. Später wurde die Technik verbessert, und die Öfen brannten länger. Diese neuen Öfen wurden als *Dauerbrenner* bezeichnet.

Im speziellen ist damit gemeint, dass diese Öfen länger als normale Öfen ihre Glut halten können, so das nicht ständig Brennmaterial nachgelegt werden muss. Ein Dauerbrennofen, der beispielsweise mit Holz befeuert wird, hält seine Glut mindestens 1,5 Stunden lang, ein mit Braunkohlebriketts befeuerter Dauerbrennofen hält die Glut sogar mindestens vier Stunden lang. Nutzt der Ofen noch den technischen Trick der reduzierten Sauerstoffzufuhr, so erhöhen sich die Brenndauern auf zehn Stunden bei Holz bzw. auf 14 Stunden bei Briketts.

Jene Öfen waren der Ursprung für die Bezeichnung *Dauerbrenner*, wenn sich ein Song besonders lange in den Charts hält, ein Buch sich über lange Zeit verkauft, oder sonstige Produkte über einen langen Zeitraum bei den Käufern beliebt bleiben.

Deutsch

Wir sind möglicherweise Deutsche, weil im Jahr 919 nachgedacht wurde, wie man sich von den vorherigen Generationen abgrenzen könne. Konkret ging es um die Krönung von Heinrich dem I. Der Ablauf der Feier sollte auf lateinisch festgehalten werden, wie in all den Jahrhunderten zuvor. Das war Heinrich aber nicht recht, er suchte etwas neues. Man überlegte, und kam auf den Stamm der *Teutonen*, der zu vorchristlichen Zeiten im Gebiet des heutigen Deutschlands lebte. So wurde beschlossen, dass Heinrich das *regnum teutonicum* beherrschte, das Reich der Deutschen. Die Deutschen waren geboren. Das ist zumindest eine der Erklärungen.

Deutschland könnte laut Sprachwissenschaftlern aber auch einfach nur das Land der Menschen sein, die *theodisk* sprechen. *Theodisk* heißt so viel wie *volkssprachlich* und wurde damals zur Abgrenzung vom Lateinischen benutzt, denn die meisten Menschen im frühen Deutschland sprachen kein Latein, sondern besaßen ihre eigene Sprache, die einer Bezeichnung bedurfte.

Daraus entstand vermutlich auch die Redewendung *Mit jemandem deutsch reden*, denn damit war gemeint, mit jemandem ein klares Wort zu reden, auf *deutsch*, der Sprache des Volkes, nicht auf lateinisch.

Übrigens hat Deutschland heutzutage im Ausland so viele Namen, da es so viele verschiedene Stämme in der Frühzeit gab. Jedes Nachbarland des heutigen Deutschlands hatte einen anderen Stamm als Nachbarn, der jeweils seinen eigenen Namen trug. So grenzten die Franzosen beispielsweise an die Stämme der Alemannen, so dass sich daraus bis heute die Bezeichnung *Allemagne* für Deutschland erhalten hat.

Die Finnen bezeichnen uns als *Saksa*, da sie damals unmittelbaren Kontakt mit dem Stamm der Sachsen hatten, vermutlich durch Handelsbeziehungen.

Woher der Begriff der Germanen stammt, ist bislang nicht restlos geklärt. Vermutlich hat Julius Cäser die Bezeichnung eingeführt, indem er in seinem *Gallischen Krieg* über das Land der Germanen berichtete. Dabei könnte die Bezeichnung *Germanen* vom lateinischen *germen* abgeleitet worden sein, was so viel wie *die leiblichen Verwandten, die Leibhaftigen,* oder *die Echten* bedeutet.

Donnerstag ist Kinotag

Mittlerweile haben wir uns daran gewöhnt, dass die neuen Filme immer am Donnerstag ins Kino kommen. Das war nicht immer so, früher starteten die neuen Streifen tatsächlich erst am Freitag, pünktlich zum Wochenende. Leider traf in den 80er Jahren eine Krise die Lichtspielhäuser, die Zahl der verkauften Tickets ging zurück, die Kunden blieben weg. Als Grund für diese Krise wurde der vermehrte Einsatz von Videorekordern in den Wohnungen herangezogen. Um dem entgegenzusteuern, musste sich die Lichtspielbranche etwas neues einfallen lassen.

Im Jahr 1985 war es dann soweit, man setzte wohlüberlegt den Filmstart auf den Donnerstag einer Woche. Die Kinobetreiber vermuteten, dass dann ein neuer Film bereits am letzten Arbeitstag der Woche in den Büros und Kantinen der Republik diskutiert werden würde. Zudem bestand die Hoffnung, dass in den Tageszeitungen noch vor dem Wochenende über die neuen Filme berichtet werde. Diese Vermutung ging auf, die Besucherzahlen in den Kinos stiegen wieder an.

Einen positiven Nebeneffekt hatte der donnerstägliche Filmstart für die Betreiber von kleinen Kinos in ländlichen Gegenden: Sollte die Filmrolle nicht pünktlich per Paketpost am Donnerstag eingetroffen sein, so konnte diese immer noch per Nachzustellung am Freitag ankommen.

So hatten die kleinen Lichtspielhäuser eine erhöhte Sicherheit, ihren Kunden am Wochenende die neuesten Streifen präsentieren zu können.

Dracula

Es gab einmal einen Fürst in der Walachei, einem Gebiet im heutigen südlichen Rumänien, der für seine immense Grausamkeit bekannt war. Sein eigentlicher Name *Vlad III.* wurde schon bald nicht mehr von der Bevölkerung benutzt, stattdessen gab man ihm den Namen *Draculea*, was auf deutsch so viel heißt wie *Sohn des Teufels*. Draculea führte eine Schreckensherrschaft, es wurden tausende von Menschen durch seinen Befehl gepfählt, er bestrafte selbst das kleinste Vergehen brutal, und beseitigte die Armut, indem er die Armen verbrennen ließ.

Draculea hatte eine Krankheit, die ihn das Sonnenlicht meiden ließ, und gleichzeitig eine überaus empfindliche Nase, die starke Gerüche wie Knoblauch in keinster Weise ertragen konnte. Heutige medizinische Experten vermuten, dass er an der Tollwut erkrankt war, worauf diese Symptome zumindest hindeuten. Tollwut wurde unter anderem durch Fledermäuse übertragen, die von der Bevölkerung in damaligen Zeiten als Blutsauger gefürchtet wurden. Aus all diesen Elementen besteht die Vermutung, dass die Sage um Graf Dracula entstanden sein könnte, was zumindest nicht ganz abwegig erscheint.

Drittes Reich

Nicht erst die Nazis prägten den Begriff *Drittes Reich*, dieser tauchte bereits während des Mittelalters immer wieder auf. Damals sah man die Geschichte als eine Aufeinanderfolge von drei Zeitaltern an: Zunächst existierte das Reich des Vaters, dann folgte das Reich des Sohnes, und schließlich das Reich des Heiligen Geistes.

Die Nationalsozialisten interpretierten das dritte Zeitalter als das ihrige, und schufen damit den Begriff des *Dritten Reichs* für die Herrschaft des Nationalsozialismus. Gleichzeitig interpretierten sie die Geschichte in ihrem Sinne um und deklarierten das 1806 beendete Heilige Römische Reich Deutscher Nation als das *Erste Reich*. Das *Zweite Reich* bildete den Zeitraum bis zum Ende des Ersten Weltkrieges 1918. Mit der Übernahme der Macht durch Hitler startete schließlich das *Dritte Reich*, welches die Vollendung der Geschichte darstellen sollte.

Später wanden sich aber sogar die Nazis wieder vom Begriff des Dritten Reiches ab, denn es wurde von den Gegnern der Nationalsozialisten zu sehr aufs Korn genommen. Zudem wollte man sich von dem ursprünglichen religiösen Inhalt des Begriffs *Drittes Reich* distanzieren. Schließlich verbot das Reichspropagandaministerium 1939 die Benutzung der Bezeichnung *Drittes Reich*. Dennoch hat sich der Begriff bis heute erhalten und wird als Synonym für die Epoche des Nationalsozialismus von 1933 bis 1945 herangezogen.

Ehe

Das Wort *Ehe* entstammt dem althochdeutschen Sprachgebrauch und bedeutet so viel wie *Ewigkeit*, *Recht* und *Gesetz*. Die Eheschließung zwischen Mann und Frau beruhte damit auf Recht & Gesetz und war für die Ewigkeit gedacht.

Ein Buch aufschlagen

Ganz zu Beginn des Buchzeitalters wurden Bücher nicht immer gebunden, sondern stattdessen als Loseblattsammlungen zwischen zwei Holzdeckeln aufbewahrt. Die Deckel hielten zwei speziell hierfür entwickelte metallene Klammern zusammen, welche so konstruiert waren, dass sie mit einem kleinen Schlag auf eben diese aufsprangen. Um das Buch zu lesen, musste man es im wahrsten Sinne des Wortes *aufschlagen*.

Eine Stunde hat 60 Minuten

Vieles in unserem Leben ist auf das Zehnersystem (Dezimalsystem) ausgerichtet, nur unsere Zeitmessung nicht. Das hat historische Wurzeln und geht mit großer Wahrscheinlichkeit auf die alten Babylonier zurück. Das dortige Zahlensystem hatte aus religiösen Gründen die heilige zwölf als Basis, und die 60 war das fünffache der zwölf. So gab man der Stunde 60 Minuten und der Minute 60 Sekunden. Die Einteilung des Jahres in zwölf Monate (gemäß den zwölf Vollmonden pro Jahr) und des Tages in zweimal zwölf Stunden ist ebenso auf die Babylonier zurückzuführen

Natürlich waren damals weder die Minuten und erst recht nicht die Sekunden für das Alltagsleben der Menschen von Bedeutung, es handelte sich eher um mathematische Größen und hatte nur für die frühen Astronomen einen Nutzen. Erst später, als Uhren auf der Basis eines schwingenden Pendels sekundengenau konstruiert werden konnten, zogen die kleineren Zeiteinheiten in das Leben der Menschen ein.

An unserer Zeiteinteilung wurde über die Jahrhunderte hinweg immer wieder herumgespielt, viele Herrscher wollten ihr den eigenen unvergesslichen Stempel aufdrücken. So nahm beispielsweise der römische Kaiser Augustus dem Februar einen Tag weg und hängte ihn an den nach ihm benannten Monat *August* an.

Übrigens war zu Zeiten des römischen Kalenders der Februar der letzte Monat im Jahr, der heutige Dezember hatte nach dem damals noch verwendeten 354-tägigen Mondkalender lediglich die Stellung an zehnter Stelle der Monate (daher auch die Bezeichnung *Dezember*, die die römische *decem* (10) enthält). Nach der Umstellung im Jahr 153 vor Christus auf den gregorianischen Kalender wanderte der Dezember an die letzte Stelle, nun war plötzlich der Januar der erste Monat im neuen Jahr.

An dieser Stelle bietet sich eine kurze Erklärung an, warum es überhaupt die Zahlen *elf* und *zwölf* gibt, und warum diese nicht *einszehn* und *zweizehn* genannt werden: Die Einteilung in Zehnerschritte gemäß dem heute gültigen *Dezimalsystem* ist bei uns noch recht jung, lange Zeit wurde stattdessen bis zwölf gerechnet, wie oben bereits dargestellt, also im *Zwölfersystem*. So erscheint es als verständlich, dass die elf und die zwölf eigenständige Namen erhielten, wie die ersten zehn Zahlen auch.

Bis heute finden wir die Überreste des Zwölfersystems in zahlreichen Dingen und Begriffen, beispielsweise in den zwölf Monaten, den zwölf Tierkreiszeichen, den beiden Tageshälften mit jeweils zwölf Stunden und der Einheit Dutzend. Der Begriff elf entstammt dabei dem althochdeutschen Wort *einlif* und die zwölf dem *zwelif*.

Gut, nun wissen wir, warum eine Stunde 60 Minuten hat, aber warum hat eine *Schulstunde* üblicherweise nur 45 Minuten? Wenn wir schon einmal dabei sind, dann wollen wir diese Frage doch klären: Bis 1911 galt in Schulen die allgemeine Zeiteinteilung, dass eine Stunde 60 Minuten lang dauert. Doch dann kam man in Preußen auf die Idee, diese auf 45 Minuten zu kürzen. Das hatte den Hintergrund, dass bereits damals beobachtet wurde, dass Schüler im Nachmittagsunterricht schon sehr müde und kaum noch aufmerksam waren. Aus diesem Grund versuchte man, den gesamten wichtigen Schulstoff auf den Vormittag zu legen, und am Nachmittag die als etwas unwichtiger betrachteten Fächer zu lehren. Daraus entstand das Problem, dass der Vormittag zu kurz war, um alle Fächer gemäß der damaligen Unterrichtsordnung unterbringen zu können.

So kam die einleuchtende Idee, eine Stunde auf 45 Minuten zu verkürzen, um mehr Schulstunden in den Vormittag legen zu können. Man orientierte sich bei den 45 Minuten an den universitären Lehrzeiten, denn bereits damals galt das akademische Viertel, nach dem eine Vorlesung an der Universität zwar offiziell zur vollen Stunde beginnt, inoffiziell aber immer erst eine viertel Stunde später anfängt. Die verkürzte Schulstunde funktionierte natürlich, doch für die armen Lehrer galt ab diesem Zeitpunkt, den Stoff, der im ursprünglichen Umfang erhalten blieb, in die verkürzte Zeit zu drängen.

Kommen wir als nächstes zur *Woche*, denn diese ist in sieben Tage unterteilt, und das ist nicht selbstverständlich. Zu anderen Zeiten in anderen Kulturen gab es Wochen mit fünf Tagen oder zehn Tagen, doch bei uns einigte man sich auf sieben Tage. Der Hintergrund ist der, dass die Menschen früher sieben Himmelskörper am Firmament beobachten konnten, die Sonne, den Mond, den Mars, den Merkur, den Jupiter, die Venus und den Saturn. Sie hatten damals die Vorstellung, dass diese Himmelskörper täglich über uns wachten, und zwar jeden Tag ein anderer.

Da es sieben Stück waren, entschieden sich die damaligen Astronomen für eine Einteilung in sieben Wochentage. Aus diesem Grund heißt die Woche auch *Woche*, denn der Begriff ist ein altes germanisches Wort und bedeutet so viel wie *Reihenfolge* oder *Wechsel*. Von *Woche* entwickelte sich auch das Wort *Wache*.

Aus den Namen der Wochentage kann bis heute abgeleitet werden, welche Himmelskörper gerade Wache schieben mussten. So steckt im Sonntag die Sonne, der Montag ist der Mond-Tag. Der Dienstag geht auf *Tiu* zurück, den Gott des Mars bei den Germanen. Im englischen *Tuesday* ist das noch besser sichtbar ist. Am Mittwoch wacht Merkur über uns, was im französischen Wort *mercredi* für Mittwoch gut erkennbar ist. Am Donnerstag passt Jupiter auf uns auf, der seinen Namen von *Donar* hat, dem germanischen Gott des Donners, der auf Jupiter wohnt. Freitag bezieht sich auf die germanische Göttin *Freya*, die Göttin der Liebe, die auf der Venus zuhause ist. Der Samstag schließlich hat den Saturn als Schutzplaneten, was vor allem im englischen *Saturday* deutlich wird.

Eisbein

Eisbein ist nicht kalt und wird auch nicht auf Eis serviert, im Gegenteil, das Gericht ist heiß und wird aus dem Fuß eines Schweines gekocht.

Die Röhrenknochen in den Beinen der Schweine bildeten früher die Grundlage für die Herstellung von Schlittschuhkufen. Dazu wurden die Knochen gespalten und glatt geschliffen, bis man mit ihnen auf dem Eis laufen konnte.

Erpressung

Ein Ausdruck aus den Folterkammern des Mittelalters, Geständnisse wurden durch *Pressung* einzelner Körperteile hervorgerufen. Wird heute eine Person *erpresst*, so wird auf sie Druck ausgeübt, um sie zu einer bestimmten Handlung zu bewegen.

Eskimo

Wörtlich übersetzt steht *Eskimo* für *Rohfleischesser* und wurde von den Indianern Nordamerikas als Bezeichnung für die im Eis lebende Volksgruppe eingeführt. Später übernahmen die weißen Siedler diese Bezeichnung von den Indianern.

Inzwischen sollte man nicht mehr Eskimo sagen, sondern *Inuit*, da sich diese sonst als Rohfleischesser gedemütigt fühlen könnten (so behaupten das zumindest die Vertreter der Political Correctness in den USA). *Inuit* stammt aus der eigenen Sprache der Eskimos und bedeutet übersetzt so viel wie *Mensch*. Auch Indianer sollten übrigens nicht mehr Indianer genannte werden, sondern *Ureinwohner Amerikas*, die *first nations people*.

Ein interessanter Aspekt zur Indianersprache, so ganz nebenbei: Von Karl May und aus zahlreichen Indianerfilmen kennen wir den Ausdruck *Hugh!*, welchen die Indianer gerne am Ende einer Rede von sich geben, und der mit *Ich habe gesprochen!* interpretiert wird.

Ganz so einfach ist es aber nicht, denn es gab zahlreiche Indianerstämme und ebenso viele Sprachvarianten. Äußerten die Sioux ein *Hugh!*, so meinten sie damit lediglich so viel wie *Hallo*.

Die erste bekannte Niederschreibung des Ausdrucks stammt 1636 von einem Jesuiten, der in Gottes Auftrag durch Nordamerika reiste. Als er einer Versammlung des Stammes der Huronen beisaß, notierte er, dass nach jeder Rede eines anwesenden Indianers die gesamte Versammlung mit einem langgezogenen *Haaaau* antwortete. Spätere Autoren wie Karl May interpretierten diesen Ausdruck in das bekannte *Ich habe gesprochen!* um und ließen den Ausdruck schließlich in ihre Bücher und Filme einfließen.

Fahrschein bitte!

Warum verwende wir eigentlich Fahrscheine im öffentlichen Personennahverkehr? Würde es nicht ausreichen, die Fahrt zu bezahlen und einzusteigen? Gerade bei Buslinien zahlt man in vielen

Städten einmalig beim Einstieg und erhält ein Ticket, das später im Bus überhaupt nicht mehr kontrolliert wird. Welchen Sinn macht das?

Die Ausgabe von Fahrscheinen im ÖPNV hat historische Wurzeln. Zunächst war es tatsächlich so, dass die Fahrt einfach nur bezahlt werden musste. Dazu setzten die Verkehrsgesellschaften Kontrolleure ein, die das Geld von den Fahrgästen einsammelten. Leider verhielten sich die Mitarbeiter der Verkehrsbetriebe nicht immer gesetzestreu. Mehr und mehr griff die Unsitte durch, einen Teil des Fahrgeldes selbst einzustecken. Das war einfach, denn niemand konnte wissen, wie viele Fahrgäste ein Bus oder eine Tram tatsächlich beförderte. Die Verkehrsgesellschaften mussten einen Weg finden, wie die Kontrolleure selbst kontrolliert werden konnten, damit diese nicht in die eigene Tasche wirtschafteten.

Die Lösung lag darin, jedem zahlenden Fahrgast einen kleinen nummerierten Beförderungsschein auszustellen. Dadurch war am Ende einer Schicht exakt nachvollziehbar, wie viele Tickets verkauft wurden, so dass die dementsprechende Geldmenge vom Kontrolleur abgegeben werden musste.

Damit war das ÖPNV-Ticket zunächst ein Mittel, um die eigenen Mitarbeiter zu überwachen, und nicht die Fahrgäste. Die neuen Fahrscheine wurden 1847 zum ersten mal bei den damals noch üblichen Pferdeomnibuslinien benutzt (Kutschen mit größeren Wägen, die im Linienverkehr eingesetzt wurden) und bis heute beibehalten.

Fasching

Die närrische Zeit des *Fasching* geht auf den mittelalterlichen Ausdruck *Vaschanc* zurück, was so viel wie *Ausschank* bedeutete und sicherlich meinte, dass vor dem Beginn der 40-tägigen Fastenzeit noch einmal richtig gezecht werden durfte.

Den Ausdruck Fasching verwenden vor allem die Bayern und Thüringer. In Baden-Württemberg spricht man von *Fastnacht*, was auf die *Nacht vor dem Fasten* zurückgeht. Im Rheinland hat sich dagegen der Begriff *Karneval* eingebürgert, was auf die lateinischen Wörter *carne levare* (= *Fleisch wegstellen*) zurückzuführen ist.

Egal ob Fasching, Fastnacht oder Karneval, alle diese Feierlichkeiten haben ihren Ursprung in der germanischen Zeit, als die damals lebenden Menschen das Ende des Winters feierten. Man trank, sang, lärmte, und trug schon damals furchteinflößende Masken, um die bösen Geister der kalten Jahreszeit zu vertreiben und damit Platz für den Frühling und Sommer zu machen.

In manchen Gebieten Deutschlands beginnt die ausgelassene Faschingszeit bereits am 11.11. um 11.11 Uhr. Die 11 hat seit dem Mittelalter ihre Bedeutung als närrische Zahl, da sie zwischen der für die Berechnung im seriösen Handel benötigten 10 und der Dutzendzahl 12 steht. Der *Rosenmontag* ist übrigens nicht auf die Blume *Rose* zurückzuführen, sondern geht auf den Ausdruck *rasender Montag* zurück.

Faschismus

Heutzutage wird die Bezeichnung *Faschist* oftmals gleichbedeutend mit *Neonazi* gesetzt. Tatsächlich geht *Faschismus* alleine auf die Anhänger des italienischen Diktators Benito Mussolini zurück. Dieser gründete 1919 in Italien eine politische Bewegung, die er *Fasci Italiani di combattimento* nannte.

Das darin enthaltene *fasci* steht für das Wort *Bündel* und geht auf das antike Rom zurück. Die dortigen Liktoren, Amtsdiener hoch gestellter Magistrate und Priester, trugen bei Prozessionen Rutenbündel, die als Symbol für Zusammenhalt und Stärke standen. In diesen Bündeln steckte regelmäßig ein Kampfbeil, das als Zeichen für die Stärke der Staatsmacht und Gerichtsbarkeit stand.

Genau darauf wollte Mussolini bei der Gründung seiner Bewegung zurückgreifen, auf die Macht und Stärke des Staates. So entwickelte sich schließlich aus diesen *fasci* der *Faschismus*. Mit den in Deutschland agierenden Nationalsozialisten hatte das nichts zu tun, erst später wurden auch diese nachträglich als *Faschisten* bezeichnet, was historisch falsch ist. *Faschismus* ist alleine die Bezeichnung der Ideologie Mussolinis.

Feuilleton

Als 1605 die erste Tageszeitung in Straßburg erschien, handelte es sich dabei um ein sehr ernstes Blatt. Vergnügliche Inhalte waren darin vergeblich zu finden, es wurde ausschließlich über schwere Themen wie Politik und Wirtschaft berichtet. Erst im 18. Jahrhundert hatte ein Redakteur die Idee, der Zeitung auch weniger ernste Informationen beizufügen.

Diese neuen Inhalte wurden aber nicht sofort in den normalen Zeitungsinhalt integriert, sondern zunächst als loses Beiblatt in die Tageszeitung gelegt. Auf französisch wird ein einzelnes Blatt *feuille* genannt, ein einzelnes Blättchen wird als *feuilleton* bezeichnet. Damit war die Bezeichnung der neuen Rubrik gefunden, das beigefügte Blatt betitelte man als *Feuilleton*, also *loses Beiblättchen*. Auf diesem fand der Leser Hinweise über Theaterveranstaltungen oder Buchkritiken. Unerwarteter Weise erfreute sich das Beiblatt bei den Lesern großer Beliebtheit, so dass sich die Tageszeitungen dazu entschlossen, den Inhalt des Feuilletons mit in den normalen Zeitungstext aufzunehmen. Um eine Trennung von Politik und Wirtschaft herbeizuführen, setzte man die eher vergnüglichen Texte in das untere Viertel der Zeitungsseite. Dort trennte es ein dicker schwarzer Strich vom übrigen Inhalt.

Flohmarkt

Natürlich werden auf einem Flohmarkt keine Flöhe verkauft, aber woher kommt dann diese seltsame Bezeichnung für einen Second-Hand-Markt? Eine mögliche Erklärung geht in die Richtung, dass im Spätmittelalter die alten und verlausten Kleider des Adels auf Märkten verkauft wurde.

Eine andere ist die, dass man sich früher gegen ein geringes Entgelt von Affen lausen lassen konnte. Klingt lustig, stammt aber aus Wien, denn dort wurden im 18. Jahrhundert exotische Tiere auf Wandermärkten präsentiert. Viele Stadtbewohner litten unter Läusen, und so kam ein findiger Geschäftsmann auf die Idee, das einfache Volk mit Hilfe der vorgezeigten Affen von den Läusen befreien zu lassen. Diese nahmen das dankbar an, und auch die Affen konnten sich ihrer Lieblingsbeschäftigung widmen.

Florenz

Offiziell wurde die Stadt Florenz im Jahr 59 vor Christus von den Römern gegründet, und zwar zwischen dem 28. April und dem 3. Mai. Dieser Gründungszeitraum ist wichtig, denn auf ihn geht der Name zurück: In dieser Zeit feierte das römische Reich gerade die *Ludi Florales*, welche Wettkämpfe zu Ehren der Blumen- und Fruchtbarkeitsgöttin *Flora* waren. Aus diesem Grund entschied man sich dazu, die neue Ansiedlung *Florentia* zu nennen, was so viel wie *Stadt der Göttin Flora* heißt. Übrigens war Florenz zunächst nur ein von Julius Cäsar errichtetes militärisches Lager. Die Aufgabe der Lagerbesatzung bestand darin, die nahegelegene Brücke über den Fluss Arno zu beschützen. Relativ schnell wurde aus dem Lager eine kleine Stadt, denn Cäsar vergab dort Ländereien an Soldaten, die nach Absolvierung ihrer Dienstzeit aus der Armee ausgeschieden waren.

Freibier

Seitdem es Brauereien gibt, erhielten deren Mitarbeiter regelmäßig Bier aus der eigenen Produktion zum Verzehr gereicht. Das konnte so weit gehen, dass die Arbeiter jeden Tag eine bestimmte Menge an Bier erhielten und dieses während der Arbeitszeit trinken durften. Mit der Zeit bürgerte sich hierfür der Begriff *Freibier* ein.

Im Laufe der Zeit schenkten auch adelige oder reiche Bürger ihrem Volk kostenloses Bier aus, damit sie deren Gunst gewinnen konnten. Derartige Ausschänke wurden ebenso unter der Bezeichnung *Freibier* vorgenommen, welche sich daher bis heute bei uns erhalten hat. Im Gegensatz zum Bier gibt es leider keinen *Freiwein*. Das kann damit zusammenhängen, dass sich unter den Winzern nie eine derartige Tradition entwickelt hat wie bei den Bierbrauern.

Führerschein

Seit wann gibt es eigentlich den Führerschein? Als das Auto erfunden wurde, gab es ja kaum Autofahrer, so dass die Gesellschaft weit davon entfernt war, eine Prüfung für Fahranfänger einzurichten. Dennoch wurde der erste Führerschein bereits für einen der Miterfinder des Autos ausgestellt, für Karl Benz im Jahre 1888. Den Schein stellte das großherzoglich-badische Bezirksamt aus, so dass der Autobauer die offizielle Erlaubnis besaß, *Versuchsfahrten in Mannheim und Umgebung durchzuführen*. Natürlich beinhaltete dieser Führerschein noch keine Prüfung, sondern stellte lediglich eine behördliche Erlaubnis dar. Zudem musste sich Karl Benz darin verpflichten, für alle durch seine Erfindung verursachten Schäden zu haften.

Nach ein paar Jahren kamen mehr und mehr Autos auf die noch holprigen Wege, und die ersten Unfälle ereigneten sich. Schnell merkten die Behörden, dass hier etwas getan werden müsse. So erließ man schließlich 1909 ein *Reichsgesetz über den Verkehr mit Kraftfahrzeugen*. Darin wurde die Pflicht zur Nutzung eines Nummernschildes geregelt, ein Tempolimit von zunächst 15 km/h innerhalb von Dörfern und Städten eingeführt, und die Verpflichtung zur Ablegung von Fahrunterricht und die Absolvierung einer Führerscheinprüfung vorgeschrieben.

Zusammen mit dem zunehmenden Verkehr führte man schließlich auch die *Autokennzeichen* ein. Bislang gab es keinerlei Verpflichtungen, den eigenen Wagen mit einem behördlichen Nummernschild zu versehen. Als die Anzahl der Autos auf den Straßen immer größer wurde und sich Fälle von Fahrerflucht häuften, musste der Staat aber eine Lösung finden, um die involvierten Wägen nach verübter Tat ausfindig machen zu können. So kam es, dass 1892 das erste Nummernschild in Berlin vergeben wurde. 1906 waren die Autokennzeichen schließlich in ganz Deutschland verbindlich. Zuvor gab es eine solche Kennzeichnungspflicht nur für Radfahrer, und auch nur in vereinzelten Gemeinden, da das rüpelhafte Verhalten der massenhaft vorhandenen Radfahrer damals ein echtes Problem für die Verkehrssicherheit auf deutschen Straßen darstellte.

Übrigens benutzten bereits vor 2000 Jahren die alten Römer eine Kennzeichnung für ihre Streitwägen. Später entwickelte sich diese Idee bei den Engländern weiter, als dortige Adelsfamilien ab dem 17. Jahrhundert ihre Kutschen mit einem Wappen versahen, um auf der Straße erkannt zu werden. Der Adel wollte damit erreichen, dass jeder sehen könne, wer denn da gerade vorbeifuhr, und dementsprechende Ehrerbietungen und Huldigungen gegenüber den Kutscheninsassen abgeben musste.

Gelbe Seiten

Die *Gelben Seiten* sind gelb, da zum Zeitpunkt ihres ersten Drucks zufällig kein weißes Papier vorhanden war. Klingt banal, ist aber tatsächlich so geschehen: 1883 sollte von einer kleinen Druckerei in Wyoming, USA, ein Telefonbuch über die im Bundesstaat vorhandenen Anschlüsse gedruckt werden. Es wäre kein dickes Buch gewesen, eher eine kleine Liste mit nur wenigen Seiten, denn die Anzahl der Telefonanschlüsse war zu diesem Zeitpunkt noch überschaubar. Erst sieben Jahre zuvor wurde das Telefon als Patent von Alexander Graham Bell angemeldet.

Leider hatte es die Druckerei versäumt, auf ausreichend Papiervorrat zu achten, es war nur noch gelbes vorhandenen. Da die Bestellung gedruckt und ausgeliefert werden musste, entschloss sich der Druckereibesitzer zu einem Druck auf eben diesem gelben Papier. Die Bevölkerung war nicht abgeneigt, und schnell bürgerte sich der Begriff *Yellow Pages* als Synonym für die Liste der Anschlussinhaber ein.

Später wurde daraus das Verzeichnis speziell für Gewerbetreibende, das normale Telefonbuch mit den privaten Anschlüssen druckte man auf grauem Papier.

Glamour

Viele vermuten bei dem Wort *Glamour* eine französischsprachige Herkunft, doch in Wahrheit stammt der Begriff vom englischen *grammer* (Grammatik) ab, und ist auf das 12. Jahrhundert zurückzuführen. Zu diesen Zeiten konnte kaum einer aus der normalen Bevölkerung lesen oder schreiben, jene Kunst war den Gelehrten und den Mönchen vorbehalten. Die Klosterbewohner führten bereits damals Grammatikbücher, um die Regeln der englischen Sprache schriftlich festzuhalten.

Die einfache Bevölkerung konnte nicht nachlesen, was in diesen Büchern stand, aber sie wusste, dass sich dort geheimnisvolle Regeln über ihre Sprache befanden. Daher brachte man das kurzerhand mit Zauberformeln in Verbindung. Für diese Menschen war Grammatik das Reich der Magie und der Beschwörungsformeln. So verwandelte sich der Begriff *grammer* im Laufe der Zeit zu *glamour* und nahm die Bedeutung des unbekannten, geheimnisvollen und magischen an.

Google

Bereits 1938 suchte ein damals tätiger Mathematiker einen Namen für eine Zahl mit 100 Nullen. Schließlich entschied er sich für die Wortneuschöpfung *Googol*. Als die Suchmaschine *Google* entwickelt wurde, zogen deren Erfinder die Bezeichnung *Googol* heran und machten daraus *Google*. Sie wollten damit zeigen, wieviele Informationen in ihrer Suchmaschine steckte.

Noch heute wird auf den ursprünglichen Begriff *Googol* angespielt, denn schaut man bei einer Google-Trefferanzeige ganz nach unten an den Rand der Seite, so taucht dort „Gooooooooooogle" auf, was an die riesige Zahl mit ihren vielen Nullen erinnern soll. Jedes einzelne der „o"s kann angeklickt werden und führt auf eine weitere Seite der Ergebnisliste.

Gotik

Zunächst könnte man meinen, die Kunstepoche der Gotik ginge auf den Volksstamm der Goten zurück, die um die Zeitenwende herum an der Weichsel herrschten und gegen die Römer in die Schlacht zogen. Doch dem ist nicht so, die Bezeichnung *Gotik* für eine Epoche des Hoch- und Spätmittelalters (1150 bis 1450) hat sich erst im 16. Jahrhundert eingebürgert, als die Renaissance aufblühte.

Zu dieser Zeit kamen die altrömischen und altgriechischen Bauwerke der Antike wieder in Mode, während die zurückliegende Kunst des Mittelalters als grob, barbarisch und unschön empfunden wurde.

In Anlehnung an den Volksstamm der Goten, die einen großen Anteil am Untergang des römischen Reichs beisteuerten, wurde mittelalterliche Kunst jetzt abwertend als *gotisch* bezeichnet.

Grönland

Eigentlich heißt die riesige Insel *Grünland*, denn sie wurde von dem Wikinger Erich dem Roten um das Jahr 982 nach Christus als *grünes Land* betitelt. Ein ungewöhnlicher Name für ein karges Land. Doch wuchsen vor tausend Jahren etwas mehr Pflanzen dort, denn durch eine gerade vorherrschende Warmzeit war das Klima wesentlich milder als heute.

Grotesk

Im 15. Jahrhundert fand man in Rom in der Nähe des Coloseums eine Höhle, in der zahlreiche Wandmalereien (Fresken) versteckt waren. Vor allem Bilder mit für die damalige Zeit seltsam anmutenden Darstellungen von aus Tieren, Menschen und Pflanzen zusammengesetzten Fabelwesen waren darin verborgen. Da der Fundort in einer Höhle lag und diese im italienischen mit *grottesco* bezeichnet wird, entstand der Kunststil der *Groteske*, in dem scheinbar Gegensätzliches zu einer Einheit zusammengeführt wird. Daraus wiederum entwickelte sich unser noch heute verwendetes Wort *grotesk*, wenn uns etwas seltsam und fremdartig erscheint.

Gugelhupf

Ein *Gugelhupf* ist ein runder Kuchen aus Hefeteig. Seinen Namen hat er nicht vom ewigen herumhüpfen, sondern weil er in einem runden Topf mit der früher gebräuchliche Bezeichnung *Gugel* gebacken wird. Nachdem der Kuchen fertig ist, muss man ihn auf den Kopf stellen und aus dem Topf herausheben. In altertümlicher Sprache bezeichnete man diesen Vorgang als *lupfen*, so dass aus den beiden Wörtern für Topf (*Gugel*) und herausheben (*lupfen*) letztendlich der Name des Kuchens *Gugelhupf* geboren wurde.

Halleluja

Der christliche Jubelruf *Halleluja* geht auf das hebräische Wort *halelu-ja* zurück und bedeutet so viel wie *Heil Jahwe*, stellt also eine Lopreisung des Gottes Jahwe dar. *Jahwe* ist der Name für den christlichen Gott und bedeutet *Ich bin da*.

Hallo!

Warum begrüßen wir eine andere Person eigentlich mit dem kleinen Wörtchen *Hallo*? Wie so vieles hat natürlich auch dieser Ausspruch eine lange Geschichte hinter sich: Als es noch nicht so viele Brücken über deutsche Flüsse gab, waren an zahlreichen Stellen Fähren im Einsatz, kleine Boote mit einer Ein-Mann-Besatzung, die Mensch und Pferd sicher über den Fluss brachten.

War der Fährschiffer gerade auf der anderen Seite des Ufers, so musste er herbeigerufen werden. Hierzu nutzten die Menschen damals den Ausruf *Holla*, was sich verkürzt aus dem ursprünglichen Ruf *Hol rüber!* entwickelt hatte. Aus diesem *Holla* bildete sich schließlich *Hallo*, *Hello* oder manchmal auch *Hola*.

Für den massenhaften Gebrauch sorgte schließlich der Telefonmiterfinder Thomas Alva Edison, als er sich überlegte, mit welchem Wort man einen Anrufenden am neu erschaffenen Telefon begrüßen könne. Hierzu legte er *Hello* bzw. *Hallo* fest, um den Leuten eine Orientierung zu geben, was sie sagen können, wenn plötzlich das mysteriöse und noch unheimliche Telefon klingelte. Nachvollziehbar, dass dadurch die Wörter *Hello/Hallo* im Laufe der Zeit von immer mehr Personen nicht nur am Telefon benutzt wurden, um andere zu begrüßen.

Hamburger

Der *Hamburger* geht zurück auf das *Hamburger Steak*, das deutsche Einwanderer nach Amerika mitbrachten. Vermutlich begann der Siegeszugs des Fleischklopses im Brot bereits 1885, als der Burger erstmalig auf einem Jahrmarkt in einer kleinen Stadt im Staat New York verkauft wurde, die den Namen Hamburg trug.

Hobby

Das englische Wort *hobby* bezeichnete ursprünglich ein kleines Pferd bzw. sogar ein Spielzeugpferd. Die genaue Herkunft ist unklar, geht aber vermutlich auf das mittelenglische Wort *hobin* für kleines Pferd zurück. Aus *hobin* entstand das *hobby horse*, das Holzpferd, das aus Kopf und Stab besteht und von Kindern zum spielerischen Reiten benutzt wird. Die deutsche Entsprechung ist das *Steckenpferd*. Da Kinderspielereien Dinge sind, die Kinder gerne tun, entwickelte sich daraus schnell das Synonym für Freizeitbeschäftigungen, sowohl im Englischen als auch in der deutschen Sprache.

Hochdeutsch

Die meisten denken bei dem Begriff *Hochdeutsch* an die deutsche Schriftsprache, an perfekt gesprochenes Deutsch, ohne Dialekt. Tatsächlich ist es aber so, dass mit Hochdeutsch die im mittleren und südlichen Deutschland gesprochenen Dialekte gemeint sind, in Abgrenzung zu den niederdeutschen Dialekten im Norden. Hochdeutschland kommt dabei begrifflich ganz banal von den hohen Bergen im Süden, während Niederdeutschland sich auf die durch die Eiszeitgletscher abgeschrammten niedrigen Ebenen im Norden Deutschlands bezieht.

Das, was wir für gewöhnlich unter *Hochdeutsch* verstehen, wird von Sprachwissenschaftlern als *Standarddeutsch* bezeichnet, das überregional gesprochene und in Büchern benutzte Deutsch.

Es gibt in Deutschland übrigens keine übergeordnete Instanz, die sich um die Regeln für richtiges Deutsch kümmert, das ganze ist vielmehr historisch gewachsen und wurde zu großen Teilen von Konrad Duden zusammengestellt.

Interessant ist, dass niemand in Deutschland festlegt, wie die deutsche Schriftsprache auszusprechen ist, also wie offizielles Deutsch klingt. Es gibt schlicht und einfach keine staatliche oder private Institution, die das bestimmt. Man könnte zwar an den Duden denken, doch auch das ist nur eine Redaktion bzw. ein Buch, das nicht offiziell für die Festlegung der momentan gültigen und richtigen Aussprache der deutschen Schriftsprache steht.

Hochzeit in Weiß

Dass die Braut in einem weißen Kleid vor den Altar tritt, ist ein noch relativ junger Brauch. Erst um die Jahre 1840 bis 1900 herum bürgerte es sich allmählich ein, dass Frauen in weiß heirateten. Zuvor gab es keine Festlegung auf eine bestimmte Farbe, geheiratet wurde in Kleidern, deren Farbe die Braut nach eigenem Geschmack festlegte. Oft handelte es sich dabei um schwarze Kleider, damit das Kleid nach der Hochzeit noch für andere Anlässe verwendet werden konnte.

Erst als mehr und mehr Adelige in weiß heirateten, wollte dies auch das Bürgertum tun. Bekannte Hochzeiten in weiß waren die der Maria de Medici im Jahr 1600 und die der Prinzessin Elizabeth von England 1613. Ausschlaggebend für den Farbumschwung in der Bevölkerung war schließlich die Hochzeit von Queen Victoria 1840, als sie in einem cremefarbenen Kleid ihren Prinz Albert von Sachsen-Coburg heiratete. Die jungen Damen des gehobenen Bürgertums waren von diesem Kleid so begeistert, dass sie von nun an ebenfalls in weiß heiraten wollten.

Honeymoon

Honeymoon ist die amerikanische Bezeichnung für die erste Urlaubszeit nach der Eheschließung, die *Flitterwochen*. Das auch bei uns verwendete Wort *Honeymoon* hängt tatsächlich, man mag es kaum glauben, mit dem Mond und etwas Honig zusammen. Das ganze geht auf einen alten germanischen Brauch zurück, nach dem frisch verheiratete Paare in dem ersten Mond (Zeitrechnung, die ungefähr einem Monat entspricht) sehr viel Met trinken mussten. Met war eine Art germanisches Bier und wurde aus Wasser, Hefe und Honig hergestellt. Vor allem Honig galt damals als Aphrodisiakum und sollte als solches dafür sorgen, dass die beiden Jungverheirateten noch mehr Lust auf den ehelichen Beischlaf bekamen, als sie vermutlich ohnehin schon hatten. Der in Deutschland gebräuchlichere Begriff *Flitterwochen* stammt übrigens von dem mittelhochdeutschen Wort *vlittern* ab, das so viel wie *kichern, flüstern* und *liebkosen* heißt.

Hundeschwanz

Der *Schwanz* im *Hundeschwanz* geht zurück auf das alte Wort *swanzen* bzw. *svenzen*, was so viel heißt wie *sich hin- und herbewegen*. Das ergibt Sinn, denn der Schwanz eines Hundes bewegt sich sehr gerne hin- und her. *Herumswanzen* oder *herumsvenzen* war damals das heutige *Spazierengehen*, und wenn ein Schüler den Unterricht *schwänzt*, so leitet sich auch dies aus den beiden früheren Worten ab. Es gab in der damaligen Gaunersprache, dem Rotwelsch, sogar eine Bezeichnung, die *schwentzen* hieß, welche *über das Land herumziehen* meinte. Auch hier liegt die Vermutung nahe, dass sich das Schulschwänzen aus jenem gaunerhaften Begriff ableitete.

Hurrican

Die Bezeichnung *Hurrican* für einen sehr starken tropischen Wirbelsturm stammt von *Huracan* ab, das war der Name des Windgottes der Maya.

Idiot

Ursprünglich stellte der Begriff *Idiot* keine Beleidigung in dem Sinne dar, wie wir sie heute kennen. Das Wort hat seinen Ursprung im antiken Griechenland, als ein *Idiot* schlicht eine Person war, die ihren Lebensunterhalt mit einfacher Arbeit durch Einsatz der eigenen Hände verdienen musste. In erster Linie waren unfreie Sklaven gemeint. Das Gegenstück dazu bildeten die *Polites*, die freien Staatsbürger, die am politischen Geschehen teilhaben durften.

Das Wort *Idiot* fand von Griechenland ausgehend seinen Einzug in das restliche Europa und wurde im Deutschland des Mittelalters als Begriff für strafunmündige Personen verwendet. Später nutzten Ärzte die Bezeichnung, um Menschen mit sehr geringen geistigen Fähigkeiten zu bezeichnen, aber auch hier noch ohne die Absicht, beleidigen zu wollen. Vermutlich daraus entwickelte sich schließlich die Beleidigungsform für dumme Menschen, wie sie uns heutzutage geläufig ist.

Infanterie

Die Soldaten, die im Krieg zu Fuß marschieren und kämpfen mussten, wurden als *Infanterie* bezeichnet. Um 1600 herum begann man damit, den Knappen eines Ritters mit dem italienischen Ausdruck *infante* zu bezeichnen, was so viel wie *kleines Kind* heißt. Der Knappe war ein junger Mann, der den Ritter (kommt von *Reiter*) zu Fuß begleitete, während der Ritter auf dem Pferd sitzen durfte. Die Infanten stellten das Fußvolk dar, das die Ritter unterstütze.

Vermutlich bürgerte sich dieser Begriff allmählich für die gesamte im Krieg zu Fuß kämpfende Mannschaft ein, so dass sich die Bezeichnung *Infanterie* entwickelte. Zuvor waren Begriffe wie *Fußvolk*, *Fußknechte*, *Haufen zu Fuß* oder *Landsknechte* üblich.

In ähnlicher Weise geht die Bezeichnung *Kavallerie* für die Soldaten hoch zu Ross auf das italienische Wort *cavaliere* zurück, was im deutschen für *Reiter* steht.

Der Begriff *Artillerie* bezeichnet die Gesamtschau der im Krieg eingesetzten großkalibrigen Waffen und Geschütze. Möglicherweise geht dieses Wort auf das altfranzösische *artillier* zurück, was so viel wie *mit Gerätschaft ausrüsten* bedeutet.

Iran

Die Herkunft des Landesnamens *Iran* hat mich sehr erstaunt, als ich das erste mal davon erfuhr. Man mag es gar nicht glauben, aber Iran heißt auf deutsch *Land der Arier*. Vor der Umbenennung in Iran hieß das Land *Persien*. Der damalige Herrscher von Persien trug den Namen *Resa Schah* und war ein offen bekennender Bewunderer Adolf Hitlers. In den 30er Jahren war Berlin sogar der größte Handelspartner von Persien, und rund 5.000 Deutsche arbeiteten für

Resa Schah als zivile oder militärische Berater. Schließlich ließ der Herrscher im Jahr 1934 *Persien* in *Iran* umbenennen, um Hitler seine volle Sympathie zu bekunden.

Jeans

Der Stoff, aus dem eine Jeans gemacht wird, stammte in früheren Zeiten ausschließlich aus dem italienischen Genua. In dieser Hafenstadt wurde das strapazierfähige Gewebe verladen und nach Amerika verschifft, wo der aus Buttenheim bei Bamberg stammende Franke Levi Strauss um 1850 begann, die bis heute berühmteste Hose der Welt zu fertigen. In den USA verwendete man hauptsächlich die französische Form des Städtenamens, *Gênes*, und dessen englische Aussprachweise begründete den Namen der neuen Hose *Jeans*. Somit ist *Jeans* letztendlich nur die damals gebräuchliche englische Aussprache für *Genua*.

Zwar fand die Verladung der Stoffballen in Genua statt, den Stoff selbst fertigte man aber im französischen Nîmes. Dieser Stoff wurde bereits seit dem Mittelalter gerne gekauft und als *Serge de Nîmes* beworben, also als *Gewebe aus Nîmes*. Auch diese Bezeichnung hat bis heute Bestand, denn ein anderer Name für Jeans ist eine *Denim*, eine Hose aus Stoff aus Nîmes, was sich in der Beschreibung zahlreicher Jeans noch immer findet.

Jeep

Während des ersten Weltkriegs bezeichneten die Amerikaner sowohl neue Rekruten als auch neue Fahrzeuge in der US-Armee als *Jeeps*. Ein Comiczeichner nahm dies auf und gab einem Comichund, der wie ein Vogel die Laute *jeep-jeep* von sich gab, den Namen *Eugene the Jeep*. Damit bürgerte sich in der US-Bevölkerung die Bezeichnung *Jeep* für ungewöhnliche Tiere, Personen und Geräte ein.

Als die US-Armee schließlich die Entwicklung eines geländetauglichen neuen Fahrzeugs ausschrieb, konnte sich ein Autohersteller mit seinem Vorschlag durchsetzen. Dieses Modell wurde öffentlich vorgestellt, als es bei einer Veranstaltung die Stufen zum Kapitol in Washington hochfuhr. Den anwesenden Reportern präsentierte man den Wagen nach erfolgreicher Absolvierung der Fahrt mit den Worten *That's a Jeep*. Der Name stand später in allen großen Zeitungen, und hatte damit seine Prägung für ein geländegängiges Fahrzeug. Später fand sich der Name *Jeep* als Markenzeichen der Daimler-Chrysler AG wieder.

Jubiläum

Heutzutage wird der Begriff *Jubiläum* nahezu verschwenderisch für die unterschiedlichsten Zeiträume genutzt: Der Angestellte feiert sein fünfjähriges Jubiläum in der Firma, das neue Auto hat einjähriges Jubiläum oder ein runder Geburtstag alle zehn Jahre wird zum Jubiläum auserkoren. Ein echtes Jubiläum liegt dagegen nur dann vor, wenn mindestens eine Einheit von 25 Jahren vergangen ist. Denn nur nach diesem Zeitraum liegt ein *Jubeljahr* vor, auf das das Jubiläum zurückzuführen ist.

Das Wort *Jubel* stammt von dem hebräischen Wort *Jovel* ab, was für ein posaunenähnliches Musikinstrument steht. Diese Posaune wurde in biblischen Zeiten alle 50 Jahre benutzt, um das besondere *Joveljahr* anzukündigen, also das *Jubeljahr*: Moses, der sich um das Staatswesen seines neugegründeten Staates kümmerte, war der Meinung, dass alle 50 Jahre ein Neuanfang innerhalb des Landes möglich sein sollte. Hierzu wurden Schulden erlassen und alle Gefangenen befreit. Man mag darüber streiten, ob ein solcher Generalerlass sinnvoll ist oder nicht, jedenfalls führte er alle 50 Jahre zu großer Freude bei den Einwohnern. Diese wussten, dass nun mit Beginn eines Jubeljahres große Erleichterungen bevorstanden.

Leider ging diese schöne Tradition im Laufe der Jahrhunderte verloren, der Brauch wurde nicht mehr ausgeübt. Im Jahre 70 nach Christus gaben die Juden ihn schließlich offiziell auf.

Erst um 1270 nach Christus besann sich der katholische Papst Bonifatius VIII. auf diese Tradition. Im Kirchenstaat herrschte Geldknappheit, eine neue Einnahmequelle musste erschlossen werden. So dachte sich Bonifatius, dass ein Generalerlass für alle Schulden sicherlich so manchen Pilger nach Rom ziehen könnte.

Gesagt, getan, Bonifatius erklärte das Jahr 1300 für ein *Jubeljahr* und hoffte auf regen Pilgerstrom. Dieser trat tatsächlich ein, es kamen mit ca. zwei Millionen Personen eine unerwartet hohe Anzahl an Pilgern nach Rom.

Wie bei Touristen so üblich, ließen sie einen Haufen Geld in der Stadt, so dass auch der Vatikan von diesem Geldregen profitieren konnte. Die Pilger bekamen zu ihrer Freude einen präventiven Erlass für die Qualen des Fegefeuers, Rom bekam ihr Geld.

Dieser durchschlagende Erfolg führte dazu, dass die nachfolgenden Päpste das *Jubeljahr* zu einer festen Einrichtung im römischen Kalender machten. Von nun an durften alle 50 Jahre Pilger nach Rom reisen und sich ihre Schulden vor Gott erlassen lassen.

Da schnell erkannt wurde, dass ein Zeitraum von 50 Jahren recht lange ist, und ein kürzerer schneller erneut Geld in die Kassen spült, senkte man den Zeitraum von 50 Jahre auf zunächst 33 Jahre herab. Schließlich wurde dieser Zeitraum ab dem Jahr 1470 noch einmal auf 25 Jahre verkürzt, so dass ein Generalerlass nun jedes Vierteljahrhundert möglich war. Die Pilger freute es, Rom und den Vatikan auch. Dabei blieb es, das alle 25 Jahre stattfindende Jubiläumsjahr war geboren. Bis heute gelten 25 vergangene Jahre für ein bestimmtes Ereignis oder Geschehen als *Jubiläum*.

Kaff

Ein kleines abgelegenes Dorf in ländlicher Umgebung, in dem vor allem für Jugendliche wenig geboten wird, nennen wir manchmal abwertend *Kaff*. Dieses Wort entstammt dem *Rotwelsch*, der Gauner- und Vagabundensprache vergangener Jahrhunderte, und entwickelte sich von der dort gebräuchlichen Bezeichnung *gaw* oder *kefar* für *Dorf* bis in unsere heutige Sprache hinein.

Kanzlei

Die Bezeichnung *Rechtsanwaltskanzlei* oder *Steuerkanzlei* geht auf das lateinische Wort *cancelli* zurück, was im deutschen so viel wie *Gitter* heißt. Ein *cancelli* war im Mittelalter ein durch ein Gitter abgetrennter Raum, zu dem nicht jeder Zutritt hatte.

In dieser Kammer wurden wichtige Aufgaben durchgeführt, die nicht für die Blicke eines Jedermann bestimmt waren. Vor allem haben Beamte ihren Dienst dort verrichtet, die im Auftrag ihres Herrschers Staatsurkunden schrieben. Aus dieser Tätigkeit entwickelte sich der Titel *Kanzler*.

Bis heute gilt, dass ein Rechtsanwalt eine Kanzlei führen muss, die einen abschließbaren Raum beinhaltet. Es ist einem Anwalt daher nicht gestattet, seine Tätigkeit beispielsweise in einem Gemeinschaftsbüro mit anderen Berufsgruppen zu verrichten, es muss immer ein mit einer abschließbaren Tür vorhandener eigener Raum gegeben sein, damit die Mandantenunterlagen sicher vor Blicken Dritter verwahrt werden können.

Kathedrale

Eine *Kathedrale* ist eine Kirche, die zugleich Bischofssitz ist. Die Bezeichnung des Gotteshauses stammt von dem lateinischen Wort *cathedralis* und steht für *Lehrstuhl*. Ein *Dom* (vom lateinischen *domus* = Haus) ist eine sehr große Kirche von herausragender Bedeutung, aber eben nur dann eine Kathedrale, wenn sie auch Bischofssitz ist. Gleiches gilt für ein *Münster*. *Kirche* ist der Oberbegriff für alle christlichen Gotteshäuser.

Katholisch

Die Glaubensbezeichnung *katholisch* stammt von dem griechischen Wort *katholikos* ab, was so viel wie *allgemeingültig* bedeutet.

Kavaliersdelikt

Als Kavaliersdelikt bezeichnen wir heutzutage ein Vergehen, das in der öffentlichen Würdigung als harmlos eingestuft wird, beispielsweise das Falschparken oder Schwarzfahren. Früher ging es dabei um Delikte, die ein Adeliger verübte, also ein *Kavalier*, diesem jedoch keinen Ehrverlust einbrachten.

Kindergarten

Anfang des 19. Jahrhunderts gab es noch keine Kindergärten in der Form, wie wir sie heute kennen. Man nutzte sog. *Erziehungsanstalten*, wenn man denn seine Kinder nicht alleine aufziehen wollte oder konnte. Ein Pädagoge mit dem Namen Friedrich Fröbel aus Thüringen war gegen diese Einrichtungen, da er sie als zu streng ablehnte. Seine Idee war, dass sich die Kleinen frei entwickeln können sollten, ähnlich den Pflanzen in einem Garten. So kam es, dass er den ersten *Kindergarten* gründete, und ihn auch so benannte.

Kitsch

Um 1870 wurde der Begriff *Kitsch* zum ersten mal in der Münchner Kunsthandelsszene verwendete und bezeichnete damals geringwertige Bilder und Plastiken. Vermutlich stammt *Kitsch* ursprünglich von dem mittelalterlichen Begriff *kitschen* ab, was so viel wie *streichen*, *schmieren* oder *zusammenscharren* bedeutet.

Knete

Reisende im Mittelalter steckten ihre mitgeführten Münzen gerne in Lehmklumpen, damit sie nicht im Gepäckbeutel herumklimperten. Man musste so vorsichtig wie möglich sein, da den Reisenden immer wieder Diebesbanden und zu raffgierige Zöllner auflauerten. Das Einkneten war eine Möglichkeit, um nicht durch zu viel Geld aufzufallen. *Knete* ist damit eine der ältesten bis heute gebräuchlichen Bezeichnungen für Geld.

Könige und Kaiser

Was genau macht den Unterschied zwischen einem *König* und einem *Kaiser* aus? Oftmals werden beide Begriffe gemeinsam und austauschbar benutzt, einmal ist vom König die Rede, dann wieder vom Kaiser. Wer ist wer?

Der Unterschied zwischen den beiden Herrschaftsbezeichnungen ist im historischen Kontext glücklicherweise recht einfach erklärbar: Zunächst einmal waren die Könige da, diese gibt es schon seit dem Beginn des Römischen Reiches zwischen dem 8. und 6. Jahrhundert vor Christus. Erst als Julius Cäsar plötzlich auftauchte, wurde die Bezeichnung *Kaiser* eingeführt, denn Cäsar wurde damals *Kaisar* ausgesprochen.

Die machterfüllte Stellung Cäsars führte dazu, dass sein Name von den römischen Imperatoren selbst nach dessen Tod weiter benutzt wurde. So gilt Kaiser Augustus als erster Kaiser der Geschichte, nach dem Namensgeber Cäsar.

Das Ziel in der Verwendung des Titels lag darin, sich von den früheren Königen abzuheben und sich selbst als etwas besseres und machtvolleres darzustellen. Mit dem Untergang des Weströmischen Reiches im Jahr 476 starb die erste Epoche der Kaisertitel.

Erst im Jahr 800 besinnte sich Karl der Große auf den machtvollen Titel und ließ sich zum Kaiser des wiederbelebten Römischen Reiches krönen. Von nun an stand der Kaiser ganz oben, unter ihm waren die Könige, Herzöge und Grafen. Diese hatten die Aufgabe, aus ihren Reihen bei Bedarf einen römisch-deutschen König zu wählen, welcher sich schließlich vom Papst zum Kaiser krönen lassen konnte. Das Hinzuziehen des Papstes war wichtig, denn so erlangte der König durch den Kaisertitel gleichzeitig die weltliche Beschützerfunktion der Christen.

Kurze und knappe Zusammenfassung: Erst gab es die Könige, dann die Kaiser, und später besaß der Kaiser eine über den Königen angeordnete Stellung.

Die Bezeichnung *Majestät* stammt übrigens von dem lateinischen Wort *maior* ab, was so viel wie *Hoheit* oder *Erhabenheit* bedeutet. Den aus *maior* abgeleiteten Begriff *maiestas* nutzte als erster der römische Kaiser Augustus, der um Christi Geburt lebte. Spätere Cäsaren übernahmen diese Anrede, und noch später nutzen sie die deutschen Kaiser des Mittelalters.

Und was ist eigentlich ein *Kurfürst*? Das Wort *Kur* stammt aus dem mittelhochdeutschen Wortschatz und entspricht so viel wie

Wahl. Ein Kurfürst war einer der neun ranghöchsten Fürsten des Heiligen Römischen Reichs Deutscher Nation und besaß das Recht zur Wahl des Königs. Aus *Kur* entstand später das bis heute gebräuchliche Wort *küren* (*wählen*), z.B. in dem Satz *Zur Miss Germany wurde erneut die Vorjahressiegerin gekürt.*

Küche

Die *Küche* geht auf das althochdeutsche Wort *chuchina* zurück. Dieses wiederum stammt von dem lateinischen Begriff *coquus* ab, das so viel wie *Koch* heißt. Die Küche, ein Raum für Köche, wer hätte das gedacht?

Übrigens stand noch zu Zeiten des Spätmittelalters in vielen Bürgerhäusern Norddeutschlands der Herd in der Diele. Einen Raum extra zum Kochen kannte man nicht. Das kam daher, da sich in der Diele zentral der Ofen befand, der das gesamte Haus aufheizte. Schließlich fand auch in diese Häuser die *Stube* Einzug, das heutige Wohnzimmer, nachdem ein solcher Raum bereits in Süddeutschland genutzt wurde. Dadurch wanderte der Hauptofen in die Stube, und es wurde ein extra Raum für den Backofen geschaffen, die Küche.

Wenn wir schon einmal in der Küche sind, dann möchte ich Ihnen die Entstehungsgeschichte des Bestecks nicht vorenthalten:

Das hauptsächliche Essinstrument des Mittelalters stellte, vor allem bei der ärmeren Landbevölkerung, zunächst ausschließlich der Löffel dar. Dieser war meist aus Holz geschnitzt und direkt am Gürtel befestigt. Fast jeder hatte seinen persönlichen Löffel, den er immer bei sich führte. Starb der Mensch, so wurde der Löffel symbolisch an die Nachkommen vererbt, woraus sich die Redewendung *Den Löffel abgeben* entwickelte.

Beim Messer handelte es sich meist um ganz einfache Messer mit einer Eisenklinge und einem Holzgriff. Zusammen mit dem Löffel trug man das Messer am Gürtel. Reichere Mitmenschen hatten bessere Messer, die sich vor allem durch einen verzierten Griff und eine Edelmetallklinge von den simplen Instrumenten unterschieden.

Eine Gabel benutzte man zunächst nicht, da sie aufgrund ihrer Form als Instrument des Teufels bezeichnet wurde. Vor allem die Kirche gab den Gläubigen die Anweisung, bloß keine Gabeln zum Essen zu benutzen. Erst im 16. Jahrhundert fand die Gabel allmählich Einzug in die Haushalte, dann zunächst an Fürstenhäusern zum Essen von Obst und Konfekt. Bei den Landbewohnern verzögerte sich der Einzug der Gabel noch eine ganze Weile, erst mit der industriellen Massenproduktion im 19. Jahrhundert kam endlich die Gabel in den Besteckkasten.

Lampenfieber

Als Lampenfieber bezeichnen wir den Zustand, der sich vor einem Theaterauftritt, einer Prüfung oder einem Vortrag einstellt. Der Mund trocknet aus, das Herz schlägt bis zum Hals, und die Vorstellung des Versagens lässt die Nervosität immer mehr ansteigen. Ursprünglich stammt der Begriff von den echten Lampen am Theater. Ungefähr um 1850 herum begannen die Theaterhäuser, sehr heiße Gaslampen zur Beleuchtung der Bühne einzusetzen. Das förderte die Helligkeit beim Schauspiel, trieb den Darstellern aber gleichzeitig die Schweißperlen aufs Gesicht. Ein Zustand ähnlich dem Fieberschwitzen war ständiger Begleiter der Schauspieler und führte zu der humorvollen Bezeichnung *Lampenfieber*. Bis heute kann es selbst unter den inzwischen elektrisch betriebenen Scheinwerfern erstaunlich heiß werden.

Die mit dem Begriff *Lampenfieber* bezeichnete Nervosität vor einem Auftritt führen Psychologen auf die tief in uns sitzende Urangst zurück, von einer Gruppe anderer Menschen schlecht bewertet und ausgestoßen zu werden. Denn ohne seine Gruppe wäre der frühe Urmensch in der Vorzeit ganz alleine hoffnungslos verloren gewesen.

Lasagne

Die *Lasagne* geht auf das griechische Wort *lasanon* zurück und steht eigentlich für *Nachttopf*. Merkwürdigerweise übernahmen die alten Römer diesen Begriff für ihre Kochtöpfe und schichteten in jene Nudelplatten mit gehacktem Fleisch hinein. Die Lasagne war geboren, trägt damit aber eine eher unappetitliche Bezeichnung. Wer eine Lasagne isst, verspeist somit ein Nachttopfgericht.

Limousine

Einst gab es eine Zeit ohne Autos, und die Kutschen beherrschten die Straßen und Wege. Da die Kutschen von Kutschern geführt wurden, und diese außen im Freien oben auf der Kutsche sitzen mussten, hatten sie ein verständliches Interesse daran, möglichst gut in wetterbeständige Kleidung eingepackt zu sein.

Besonders begehrt unter den Kutschern Europas im 18. und 19. Jahrhundert war ein weiter Mantel aus Ziegenwolle, der qualitativ aus allen anderen herausstach und besonders guten Wetterschutz bot. Dieser wurde von den Schneidern der Region *Limousin* in Frankreich hergestellt.

Günstig war er natürlich nicht, viele Kutscher konnten ihn sich nicht leisten, aber so manche hatten das Glück, dass sie von ihrem wohlhabenden Herrn damit ausgestattet wurden. Der Mantel bekam aufgrund seiner Herkunftsregion den Spitznamen *Limousin*, und stand für trockenes Ankommen am Zielort.

Als die Automobile aufkamen, übernahmen die deutschen Autobauer den Namen und wollten damit andeuten, dass man mit ihren Autos trocken ans Ziel kam. Später trugen vor allem große, viertürige Wagen die Bezeichnung *Limousine*.

Lobbyismus

Ursprünglich stellte die *Lobby* die Wandelhalle im britischen Parlament dar, in der sich Abgeordnete und Bürger begegnen konnten. An diesem Ort wurden die Parlamentarier gezielt angesprochen, um Sorgen und Nöte der Bevölkerung zu erfahren. Aus dem Namen dieser Halle entwickelte sich ein eigenständiger Begriff, der *Lobbyismus*. Dabei äußern einzelne Gesellschaftsgruppen ihre Wünsche an die Abgeordneten, damit diese im Gesetzgebungsverfahren berücksichtigt werden.

Loge

Eine *Loge* war die Hütte der freien, also nicht zunftgebundenen, Steinmetze auf den Dombaustellen des Mittelalters. So entstand die *Loge der Freimaurer*, was zunächst lediglich ein Häuschen auf einer Baustelle war, bis es später ein Geheimbund wurde und zu literarischer und filmischer Berühmtheit schaffte.

Loreley

Denken wir an die Loreley, so stellen wir uns eine hübsche junge Frau vor, die auf einem hohen Felsen am Rhein sitzt und die vorbeifahrenden Schiffer betört. Diese fahren daraufhin ihr Boot an den Rand und versinken.

Ursprünglich geht der Name der Schönheit aber auf einen bösen Felsen zurück, der im mittelhochdeutschen als *Lurley* bezeichnet wurde. Dabei bedeutet *lure* so viel wie *hinterlistig* und *klingend*, und *Lei* steht für Fels. Der hinterlistige klingende Fels, der den Ursprung für viele Sagen, Gedichte und Lieder bildete, stand an einer verengten Flussstelle des Rheins und war bei den Schiffern wegen der starken Strömung sehr gefürchtet.

Made in Germany

Auf vielen Produkten, die in Deutschland hergestellt werden, findet sich die Bezeichnung *Made in Germany*. Sie steht für hohe Qualität und wird im Ausland gerne beim Kauf beachtet.

Ursprünglich hatte die Bezeichnung genau den gegenteiligen Zweck, sie sollte Käufer vor deutschen Produkten abschrecken und so einen Kauf verhindern. Diese Idee kam im Jahr 1877 vom britischen Parlament, das dadurch die eigene Produktion im Land stärken und britische Konsumenten zum Kauf von britischen Produkten bewegen wollte. Vor allem sollten die nach Ansicht des Parlaments hochwertigen britischen Produkte vor minderwertiger nachgeahmter Ware aus anderen Ländern unterscheidbar gemacht werden. Nicht nur deutsche Hersteller waren von nun an dazu verpflichtet, das Herkunftsland auf die Ware zu drucken, sondern alle Länder, die in Großbritannien verkaufen wollten.

Leider trat genau das Gegenteil ein, die Käufer konnten nun erkennen, aus welchem Land die Ware kam, und griffen immer dann gerne zu, wenn sie von einer hohen Qualität ausgingen. Das war vor allem bei deutschen Produkten der Fall, so dass sich diese zum Verkaufsschlager in England entwickelten, während der Handel auf der heimischen Ware sitzen blieb.

Magenbitter

Nach fettigem Essen freuen wir uns auf einen Schluck Magenbitter, der den Bauch gleich wieder bereit für die nächsten Speisen macht. Ursprünglich geht die Bezeichnung *Magenbitter* aber nicht auf ein alkoholisches Getränk zurück, sondern auf hungrige Männer, die um Essen für ihren Magen baten. Also *Magen-Bitter* im wahrsten Sinne des Wortes.

Im Mittelalter herrschte die Tradition, dass die jüngsten und dünnsten Zunftmitglieder die Aufgabe bekamen, während ihrer Wanderschaft Essen für die gesamte Gruppe zu besorgen. Hierzu mussten sie in den durchquerten Dörfern an den Türen der Einwohner klopfen und um Essbares bitten. Sie sollten durch ihr junges Alter und die schlanke Gestalt einen besonders hungrigen Eindruck machen, damit das Bitten um Essen möglichst erfolgreich verlief.

Dabei war es üblich, dass die Magenbitter sich als krank vor Hunger gaben. Sie spielten durch pantomimische Künste Erkrankungen und Hunger vor, und je besser die Darstellung war, desto mehr wurden sie mit Essen beschenkt. Die Zuschauer wussten natürlich, dass es sich eher um Schauspielerei als um echte Hungersnöte handelte, denn die Tradition der Zunftmitglieder war weitgehend bekannt. Die Dorfbewohner erfreuten sich dennoch an den dargebotenen Vorstellungen, da Abwechslung im ländlichen Alltag selten war.

Manche Gesellen perfektionierten die Kunst und ließen ihre Augen wirkungsvoll hervortreten, oder schäumten ihre Spucke vor dem Mund auf. Möglicherweise gab so mancher Einwohner nur deswegen ein Brot an die Hungernden ab, damit diese mit ihren seltsamen Verrenkungen und Grimassen möglichst schnell wieder verschwanden.

Märchen

Das Wort *Märchen* stammt vom mittelhochdeutschen Begriff *Mär* und steht etwa für *Kunde* oder *Bericht*.

Märchen sind immer Geschichten ohne konkreten Verfasser, deren Motive oftmals weit in die Vergangenheit bis hin zu antiken Wurzeln zurückreichen.

Ähnliches gilt für *Sagen*, auch diese haben keinen benannten Verfasser. Der Unterschied zum Märchen liegt darin, dass eine Sage einen wahren historischen Kern besitzt. Beispielsweise bezieht sich eine Sage auf Menschen oder Orte, die es tatsächlich gab.

Legenden sind ursprünglich Sagen aus dem Christentum, die von einem christlichen Heiligen handeln.

Mythen stellen Erklärungsversuche für die unbekannten Mysterien der Menschheit dar, wie beispielsweise die Entstehung der Welt, das Verhalten von Göttern, das Leben nach dem Tod oder das Zusammenwirken von Gut und Böse.

Menü mit mehreren Gängen

Grundsätzlich stellen wir uns unter einem *Menü* eine opulente mehrgängige Mahlzeit vor, die mindestens eine Vorspeise, ein Hauptgericht und ein Dessert beinhaltet. Der Begriff *Menü* hat seinen Ursprung aber genau im Gegenteiligen, denn es entstammt dem französischen und bedeutet so viele wie *Kleines* oder *Kleinigkeiten*. So sollte angedeutet werden, dass ein kleines Essen dem nächsten folgt.

Seinen Einzug in die deutsche Sprache fand die Bezeichnung *Menü* für eine Essensabfolge während des Wiener Kongresses 1814 bis 1815. Im Rahmen dieser Versammlung wurde zum einen die Neuordnung Europas beschlossen, zum anderen aber auch heftigst gespeist. Die dort vertretenen Franzosen brachten ihre wohlschmeckende Küche mit, und die Köche als Vertreter jener französischen

Kochkunst zauberten den Beteiligten Unmengen an Köstlichkeiten auf den Tisch.

Gleichzeitig brachten sie ihre eigene Sprache mit, so dass das Wörtchen *Menü* dankbar vom Deutschen Wortschatz übernommen wurde. Der Vorteil an dem Begriff ist, dass das Wort so bescheiden klingt, denn schließlich werden ja nur *Kleinigkeiten* nacheinander aufgetischt. Selbst wenn sich dahinter ein Festmahl größeren Ausmaßes befindet, so klingt es zumindest nicht danach.

An dieser Stelle noch eine andere interessante Sache: Ein Menü hat mehrere *Gänge*, da in früheren Zeiten ein *Gang* bedeutete, dass die Diener in die Küche *gehen* mussten, um die nächsten Speisen herbeizuholen.

Miesmuscheln

Miesmuscheln sind gar nicht so gemein wie ihr Name vermuten lässt. *Mies* ist schlicht und einfach ein altes deutsches Wort für *Moos*. Vermutlich haben norddeutsche Fischer vor langer Zeit diese Muschelart in der Nähe von größeren Algenansammlungen geerntet, so dass die Ähnlichkeit zum Moos ausschlaggebend für die Namensgebung war.

Milchstraße

Unsere Heimatgalaxie, die *Milchstraße*, erhielt ihren Namen von den frühen Griechen: In einer Sage wird erzählt, dass der Gott *Zeus* bei einem Seitensprung mit einer Menschenfrau versehentlich den Sohn *Herakles* zeugte. Zeus Ehefrau *Hera* war darüber natürlich nicht erfreut, sie schäumte vor Wut und wollte Herakles vernichten.

Da Herakles aufgrund seiner irdischen Mutter nicht unsterblich war wie ein normaler Gott, musste Zeus sich etwas einfallen lassen, um ihm diesen Schutz doch noch zu verschaffen. So ließ er Herakles heimlich an der Brust von Hera deren Milch trinken, denn dadurch hätte Herakles die Unsterblichkeit erlangt.

Leider war der Säugling derart durstig, dass er viel zu laut schlürfte, so dass Hera schließlich erwachte. Als sie sah, dass der von ihr verhasste Herakles an ihrer Brust trank, riss sie ihn mit einer heftigen Bewegung davon ab. Es kam, wie es kommen musste, ihre Milch spritzte in der ganzen Gegend herum, und zwar so stark, dass sie bis in den Himmel reichte. Dort bildete sie die Milchstraße, und wir können bis heute die einzelnen Milchtröpfchen vor allem nachts gut erkennen. Kritiker behaupten, dies seien gar keine Milchtropfen, sondern Sterne. Aber wer glaubt schon so etwas weit hergeholtes.

Moin!

Der norddeutsche Gruß *Moin!* ist nicht auf *Guten Morgen!* zurückzuführen, wie man angesichts der ähnlichen Lautsprache zunächst irrtümlich annehmen könnte. Das würde auch keinen Sinn ergeben, denn die Nutzer dieser Begrüßungsformel verwenden sie Tag und Nacht, nicht nur am Morgen. *Moin* stammt von dem ostfriesischen Ausdruck *moi* ab, was mit *angenehm* oder *gut* zu übersetzen ist. Personen, die einem ein fröhliches *Moin!* Entgegenschleudern, möchten damit also ähnliches wie *Ich wünsche Dir einen angenehmen Tag* zum Ausdruck bringen. Erstmals literarisch nachgewiesen wurde *Moin* in Berlin, dort wird die Begrüßungsformel 1828 im *Berliner Conversations-Blatt für Poesie, Literatur und Kritik* benannt.

Das im süddeutschen Raum eher verwendete *Servus!* Wird ähnlich wie das *Moin!* zu jeder Tages- und Nachtzeit gerne verwendet. Es stammt von dem lateinischen Wort *servus* ab, was so viel wie *Sklave* heißt. Begrüßt man eine Person mit einem freundlichen *Servus!*, so möchte man ihr damit im ursprünglichen Sinne aufzeigen, dass man ihr *zu diensten* sei, oder ihr ein *Ich bin Dein Diener* entgegnen möchte.

Moloch

Heutzutage bezeichnen wir Megastädte, die immer weiter wachsen und mehr und mehr Menschen in sich hineinziehen als *Moloch*, oder *Großstadtmoloch*. Entstanden ist dieser Ausdruck möglicherweise durch einen Gott, der im antiken Karthago verehrt wurde und den Namen *Moloch* trug. In ihm brannte Tag und Nacht ein Feuer, damit jederzeit Opfergaben gemacht werden konnten. Das ging sogar so weit, dass Babys mit einer speziellen Vorrichtung auf den Händen des Gottes hoch in den Mund der Bronzestatue gezogen werden konnten, damit sie im Inneren derselben als Opfer verbrannten.

Unsere Verwendung des Wortes *Moloch* stammt aber vermutlich eher aus dem Alten Testament, denn dort wurde gedroht: Wer seine Kinder dem *Moloch* opfert, würde gesteinigt werden. Möglicherweise stammte *Moloch* dabei vom hebräischen Begriff *molek* ab, der zunächst keinen Gott meinte, sondern nur die Bedeutung *Opfer* und *Darbringung* hatte.

Nesthäkchen

Ursprünglich wurde das jüngste Kind in einer Familie als *Nesthöckelchen* bezeichnet, was so viel heißt wie *Kleiner Nesthocker*. Schließlich entwickelte sich das Wort im allgemeinen Sprachgebrauch zu *Nesthecklein*, und dann zu *Nesthäkchen*. Mit einem Haken im Vogelnest hat das ganze also nichts zu tun.

Ohrfeige

Der mittelhochdeutsche Ausdruck *Veeg* bedeutet so viel wie *Hieb* oder *Streich*. Aus diesem Wort entwickelte sich der *Ohrveeg*, wenn einer Person zur Strafe auf die Ohren geschlagen wurde. Daraus entstand schließlich die *Ohrfeige*.

Aus *Veeg* entwickelte sich auch das *Veegfeuer* bzw. *Fegfeuer*, was wir heute noch als *Fegefeuer* kennen. Das ist der Ort, an dem sündige Seelen nach dem Tod geläutert werden müssen, bevor sie zu Gott aufsteigen dürfen.

Übrigens: Wenn wir *jemandem eine wienern*, dann ist auch das eine Ohrfeige. Der Begriff *wienern* kommt dabei aus der früheren Soldatensprache und bezog sich schon damals auf das Putzen und Reinigen von Metall.

Ostern

Die genaue Entstehung der Bezeichnung *Ostern* für das höchste Fest der Christen ist bis heute leider ungeklärt. Die wahrscheinlichsten Vermutungen gehen in die Richtung, dass der Begriff von der germanischen Göttin *Ostara* abstammt, denn die Germanen feierten jeden Frühling ein Fest über das Neuerwachen der Natur. Möglicherweise wurde der Begriff durch das Christentum zu einem späteren Zeitpunkt übernommen.

Zumindest die Festlegung des Termins für das Osterfest ist bekannt: Auf dem Konzil von Nicäa wurde im Jahr 325 festgelegt, dass der Ostersonntag jedes Jahr am Sonntag der ersten Vollmondnacht nach dem Beginn des Frühlings (21. März) gefeiert wird.

Über die Begriffe, die im Zusammenhang mit Ostern stehen, weiß man inzwischen zum Glück etwas mehr. So wird der *Gründonnerstag* nicht etwa auf die Farbe grün zurückgeführt, sondern mit großer Wahrscheinlichkeit auf *greinen*, was ein altes Wort für *weinen* ist. Am Gründonnerstag hielt Jesus mit seinen Jüngern das letzte Abendmahl, es war der Vorabend der Kreuzigung.

An diesem traurigen Tag soll um Jesus *gegreint* werden. Es entstand der *Greindonnerstag*, aus dem sich die Bezeichnung *Gründonnerstag* entwickelte.

Andere Sprachforscher gehen davon aus, dass die Bezeichnung Gründonnerstag von grünen Zweigen kommt: Im Mittelalter wurde Sündern der Besuch des Gottesdienstes während der Fastenzeit verboten. Sie sollten in dieser Zeit inne halten und über ihre Untaten nachdenken. Der Donnerstag vor Ostern war der erste Tag, an dem diese Personen wieder in die Kirche durften. Als Symbol für die Vergebung ihrer Sünden trugen sie dabei grüne Zweige auf dem Kopf.

Die Bezeichnung des *Karfreitag* stammt von dem Wort *kara*, was so viel wie *Wehklage* oder *Trauer* bedeutet. Am Karfreitag wurde Jesus ans Kreuz geschlagen, so dass aus diesem Grund Trauer angebracht ist. Ähnlich wie beim Gründonnerstag könnte daher das Weinen für die Entstehung des Namens beigetragen haben.

Zu Ostern gehört auch das *Osterei*, aber warum? Das Ei war schon in vorchristlicher Zeit ein Symbol für das Leben und die Auferstehung. Verständlich, denn bis heute mag es uns wie ein kleines Wunder vorkommen, dass aus einem Ei plötzlich ein Küken hervorschaut. Wie muss dies erst auf Menschen der Vorzeit gewirkt haben, die den biologischen Hintergrund noch nicht erforscht hatten? Es gab Bräuche, dass man Toten ein Ei mit in das Grab legte, damit sie in der anderen Welt auferstehen konnten.

Bis 1966 galt, dass während der Fastenzeit keine Eier verspeist werden durften. Man machte die Eier daher durch kochen haltbar und verschenkte sie am Ende der Fastenzeit bemalt und verziert an Personen im Umfeld, egal ob niedrig gestellte Dienstboten oder höher gestellte Herren – Das Osterei war geboren.

Das *Osterlamm* dagegen übernahm man einfach aus dem jüdischen Passahfest, welches zur Erinnerung an den Auszug der Israeliten aus Ägypten gefeiert wurde. Das Lamm ist ein Zeichen des Lebens und mit seinem weißen Fell zugleich ein Symbol der Reinheit und des Friedens.

Das in der Nacht von Samstag auf Sonntag vor Kirchen angezündete *Osterfeuer* geht auf die sehr alte Symbolik des Feuers für die Sonne zurück, und stellt den Sieg des Frühlings über den Winter dar. Im Zusammenhang mit dem Osterfest wird durch dieses Feuer zugleich das Ende der kalten Jahreszeit gefeiert.

Die *Osterkerze* ist auf einen Lichtkult zurückzuführen, der in vielen Religionen zelebriert wurde. Das Licht ist ein Symbol für das Leben und den auferstandenen Christus. Daher zünden Christen eine

Kerze am Osterfeuer an und tragen diese in die dunkle Kirche.

Die Tradition des *Osterhasen* geht lange in der Zeit zurück: Bereits die alten Römer und Griechen sahen in dem Hasen ein Symbol für Fruchtbarkeit und Neubeginn, da der Hase seine zahlreichen Jungen sehr zeitig nach dem Winter warf. Es lag nahe, das Tier als Sinnbild für die Auferstehung heranzuziehen.

Otto Normalverbraucher

Wenn in den Medien der Name *Otto Normalverbraucher* auftaucht, so ist damit der typische Durchschnittsdeutsche gemeint, der als Basis für Marktforscher dient, um das Einkaufsverhalten der Bevölkerung zu ermitteln.

Seinen Ursprung findet der Name in dem deutschen Film *Berliner Ballade* von 1948. Darin kommt ein Soldat in das vom 2. Weltkrieg zerstörte Berlin zurück und muss mit den dort nun herrschenden Begebenheiten zurechtkommen. Unter anderem werden in dieser Zeit Lebensmittelkarten ausgegeben, um die Einwohner mit Nahrung zu versorgen. Bestimmte Gruppen wie z.B. Schwerstarbeiter, Schwangere oder Kriegsgeschädigte erhalten erhöhte Essensrationen, während der *Normalverbraucher* nur die gewöhnlichen Rationen erhält. Aufgrund dieser im Zusammenhang mit Lebensmittelkarten verwendeten Bezeichnung *Normalverbraucher* entschied sich der Produzent des Films, dem Hauptdarsteller den Namen *Otto Normalverbraucher* zu geben. Bis heute hat sich dieser Name für den typischen Durchschnittskäufer in Deutschland erhalten.

Panik

Pan war der griechische Gott der Bauern und Hirten, er lebte in den kleinen Wäldern der Peloponnes und liebte es, gegen Mittag ein kleines Schläfchen zu halten. Nur stören durfte man ihn dabei nicht, das machte ihn sehr wütend. War ein Hirte zu unvorsichtig und weckte Pan versehentlich auf, so bekam er einen unglaublichen Wutanfall und jagte alles davon, was in seiner Nähe war. Verständlich, dass die Ziegen und Schafe in *panischer* Angst davonrannten.

So findet der Begriff *Panik* seine Wurzeln in aufgeschreckten Herdentieren, die wie vom Teufel gepackt plötzlich davonrannten. Die antiken Griechen sahen dahinter den Gott Pan, der anscheinend schon wieder im Mittagsschlaf gestört wurde. Erst später breitete sich die Bedeutung des Wortes auch auf Menschen aus, die in großer Angst vor etwas flüchten.

Parfüm

Parfüm leitet sich aus den beiden lateinischen Worten *per* (durch) und *fumus* (Rauch) ab, *per-fumus* steht also für so etwas wie *durch Rauch*. Seinen Ursprung hat das Parfüm im Verbrennen von Duftstoffen zu Ehren der Götter in der Antike. *Durch Rauch* erzielte man einen wohlriechenden Duft, der Gott und Mensch erfreute.

Paris

Lange Zeit trug das heutige Paris den Namen *Lutetia*, was vermutlich einigen von uns aus den Asterix-Comicbänden gut bekannt ist. Lutetia war ein keltischer Begriff und hieß so viel wie *Sumpf, umgeben von Wasser*. Erst Julius Cäsar bezeichnete im Jahr 53 vor Christus die Ansiedlung als *Parisii*, womit er die Erbauer der kleinen Stadt meinte. *Parisii* kann mit *Menschen vom Kessel* übersetzt werden. Cäsar machte hier vermutlich eine Anspielung auf die in Lutetia gebräuchlichen Kessel, unter denen das heilige Feuer der keltischen Druiden brannte. Erst viel später, im Mittelalter, ging man dazu über, Lutetia als *Parisii* und schließlich als *Paris* zu bezeichnen.

Peinlich

Peinlich kommt von dem lateinischen Wort *poena*, was so viel wie *Strafe* oder *Qual* heißt. Ist einem etwas *peinlich*, so so bereitet einem der Auslöser für die Peinlichkeit ein quälendes Gefühl, es kann wie eine Strafe für sich selbst wirken.

Pfingsten

An *Pfingsten* fährt der Heilige Geist auf die Jünger nieder. Die Bezeichnung leitet sich aus dem griechischen Wort *pentekoste* ab, was so viel wie *fünfzigster* bedeutet. Pfingsten ist der 50. Tag nach Ostern.

Pumpernickel

Pumpernickel stammt vermutlich aus dem französischen Ausdruck *pain pour Nickel* und heißt auf deutsch *Brot für Nickel* – Nickel war Napoleons Lieblingspferd, und da die Soldaten Napoleons bei der Besetzung deutscher Gebiete das dort gebackene Brot nicht sonderlich mochten, beschimpften sie es als ein Brot, das man höchstens einem Pferd geben könne. Die Franzosen waren nur ihr weißes helles Brot gewohnt, das dunkle deutsche war den Soldaten zu diesem damaligen Zeitpunkt unbekannt.

Punsch

Das Getränk *Punsch* stammt aus Indien, es besteht in seiner ursprünglichen Form aus fünf Zutaten: Tee, Zimt, Zucker, Zitrone und Arrak. Die Zahl *fünf* heißt auf indisch *panc*, so dass das Mischgetränk seinen Namen aus diesen fünf Zutaten herleitete. Nach Europa wurde der Punsch von den englischen Kolonialherren bereits im 17. Jahrhundert eingeführt. Diese nannten es zunächst noch *Punch*, bei uns wurde der Name dann in *Punsch* eingedeutscht.

Prost!

Im Mittelalter gab es lange Zeit nur einen einzigen Krug am Tisch, aus dem alle tranken. Als später jeder sein eigenes Glas besaß, schlug man diese aneinander, um symbolisch zu zeigen, dass alle das gleiche, wie aus einem Glas, trinken. Das Wort *Prost* selbst stammt von dem lateinischen Begriff *prodesse* ab, was so viel wie *nützen* heißt. In der verwendeten grammatikalischen Form bedeutet *Prosit!* dann *Es möge uns zuträglich sein!* bzw. *Es möge uns nützlich sein!*

Pyramide

In der griechischen Sprache steht das Wort *pyramis* für ein Süßgebäck, den *Weizenkuchen*. Dieser Kuchen ähnelt in seiner Form dem, was wir heutzutage als *Pyramide* bezeichnen. Da Ägypten bereits in der Antike ein beliebtes Reiseziel für Hellenen war, kann es gut sein, dass diese sich beim Anblick der monumentalen Grabmäler an ihr heimisches Gebäck erinnerten.

Möglicherweise nahmen die Griechen diesen Begriff aus ihrem Ägyptenurlaub mit nach Hause und verbreiteten ihn schließlich in ganz Europa, so dass daraus die bis heute benutzte Bezeichnung *Pyramide* für die spitz zulaufenden Gesteinsbauten entstand.

Ganz ergründet ist das bis heute nicht, eine mögliche Erklärung stellt es aber dar. Denn auch für die in Ägypten häufig anzutreffenden spitz zulaufenden Säulen fanden die Griechen eine Benennung, den *Obelisk*. Dieses Wort kommt von der griechischen Bezeichnung *obeliskos*, das für einen griechischen Bratenspieß steht.

Quarantäne

Im Jahr 1383 beherrschte die Pest Europa. Um eine Ausbreitung zu verhindern, hatten die damals Verantwortlichen die Idee, möglicherweise mit der Pest befallene Personen für einen gewissen Zeitraum abzukapseln: Sie entschieden sich dafür, Menschen, die vielleicht die Pest in sich trugen, für einen Zeitraum von 40 Tagen von den anderen Einwohnern zu isolieren.

Diese Vorgehensweise nahm im südlichen Europa seinen Anfang, vor allem in Frankreich und Italien, und umfasste dort auch Schiffe, die neu in den Hafen einliefen und aus Gebieten kamen, in denen bereits die Pest wütete. Die Besatzung musste an speziell eingerichteten Schiffsliegeplätzen für 40 Tage verbleiben und durfte erst danach den Hafen betreten. Die Zeit von 40 Tagen wurde als *Quarantina* bezeichnet (von ital. *quaranta* = 40), woraus sich unser bis heute gebräuchliches Wort *Quarantäne* entwickelte. Inzwischen bedeutet eine Quarantänezeit natürlich nicht mehr automatisch vierzig Tage, sondern wird je nach Krankheit unterschiedlich angepasst. Während dieser Zeit wird die betroffene Person nicht nur isoliert, sondern auch beobachtet, untersucht und mit passenden Impfungen oder Desinfektionen behandelt.

Rap

Rap als Musikstil führt seine Benennung auf das englische Wort *to rap* zurück, was übersetzt *klopfen* heißt. Durch rhythmisches Klopfen wurde die Basis für den Sprechgesang gebildet. Bis heute setzen viele Rapper vor ihren Künstlernamen die Abkürzung *MC*, was vom Titel *Master of ceremony* stammt. Der MC animierte die Anwesenden mit durch Klopfen begleiteten Sprechgesang zum Tanzen.

Rechtsverkehr auf deutschen Straßen

Als die Menschen noch vermehrt Boote zum lokalen Warentransport einsetzten, führten sie das Paddel meist auf der rechten Seite des Schiffes durch das Wasser. Alternativ stießen sie sich mit einem langen Stab vom Ufer oder vom Flussgrund ab. Die überwiegende Mehrheit der Bevölkerung ist Rechtshänder, daher schien diese Anordnung am einfachsten handhabbar zu sein.

Durch das Paddel wurde das Boot nicht nur voran geschoben, sondern gleichzeitig auch gesteuert. Daher heißt die rechte Seite eines Schiffes bis heute *Steuerbord*. Die Bezeichnung *Backbord* für die linke Seite eines Schiffes kommt übrigens vom englischen *back*, also *Rücken* bzw. *hinten*. Es war die Seite, die hinter dem Rücken des Steuermanns lag. Dieser stand an der rechten Seite des Bootes und steuerte dort am Ufer entlang, sein Vorderkörper war dementsprechend zum Ufer gewandt, sein Rücken zeigte zur linken Seite des Schiffes.

Kamen sich nun zwei Boote auf dem Fluss entgegen, so nutzte jedes der beiden die in Fahrtrichtung gelegene rechte Seite des Flusses, um am anderen vorbeizufahren. Das ergab Sinn, denn so waren die Ruder in Richtung Ufer gestreckt. Wäre man auf der linken Flussseite aneinander vorbeigefahren, so hätten sich die nach rechts gestreckten Paddel unpraktisch und hinderlich in der Flussmitte berührt. So ergab sich der Brauch, auf der rechten Seite des Flusses entlangzuschiffen. Als die Autos aufkamen, wurde diese Sitte lediglich vom Wasser auf die Straße übertragen.

In England dagegen galten andere Regeln: Hier wurde der Transport mehr über das Land per Fuhrwerk abgewickelt, und weniger per Schiff. Das mag mit den geographischen Gegebenheiten des Landes zusammenhängen, denn in vielen Gegenden Englands waren zum Transport per Schiff geeignete Flussläufe schlicht nicht vorhanden.

Ein Pferdefuhrwerk wurde meist mit der rechten Hand geführt, der Bauer lief links vor dem Pferd und hielt die Leine demgemäß in der rechten Hand. Kam ihm nun ein weiteres Pferdefuhrwerk entgegen, so lief er auf der ganz linken Seite des Weges, damit das Pferd samt Wagen auf dem Pfad bleiben konnte. Wären beide Fuhrwerke jeweils auf der rechten Seite der Straße aneinander vorbei gefahren, so hätte es eng werden können. Die Pferde hätten samt Wagen möglicherweise auf den Wegesrand ausweichen müssen, was natürlich nicht gewollt war. Für den Bauern war es dagegen viel einfacher, kurz auf den Rand auszuweichen.

Im Laufe der Zeit ergab es sich von alleine, dass die Menschen ihre Pferdefuhrwerke auf der linken Straßenseite entlang führten. Folgerichtig wurde dies dann auf das Auto übertragen. Später führten die Engländer den Linksverkehr in den von ihnen eroberten Kolonien ein, wo der Linksverkehr bis heute Bestand hat.

Wenn wir schon einmal beim Straßenverkehr sind: Woher bekam eigentlich die Ampel ihre Farbgebung mit rot, grün und gelb?

Ursprünglich war rot schon immer das Zeichen für Anhalten bzw. Stopp, vor allem im Schienenverkehr und im Maschinenbau. Die Farbe Rot hat eine sehr starke Signalwirkung für den Menschen, sie ist die Farbe des Blutes, sie signalisiert Gefahr und Verletzungsmöglichkeiten.

Als später zum roten Haltesignal an der Ampel eine weiteres Lichtzeichen für die Freigabe der Fahrt hinzukommen sollte, überlegte man, weiß zu nehmen. Denn weiß ist klar und deutlich erkennbar, und wurde im Bahnverkehr bereits seit einiger Zeit verwendet. Es zeigte sich jedoch, dass weiß als Signalfarbe zu schwach war, so dass man zu blau oder grün tendierte.

Die Farbe blau hat aber das Problem, das sie in der Dämmerung und Dunkelheit nicht so gut wahrnehmbar ist. Denn in der Mitte der Netzhaut des Auges finden sich keine Rezeptoren für blau, diese sitzen am Rand. Gut beobachten kann man das nachts, wenn man versucht, blaue Leuchtschrift zu lesen. Diese zeigt sich eher verschwommen, während rote oder grüne Leuchtschrift sehr klar lesbar ist.

Die Farben rot und grün finden sich mittig in der Netzhaut und können vom Auge gut wahrgenommen werden. Aufgrund ihres komplementären Farbcharakters sind sie somit gut unterscheidbar. Da grün den psychologischen Aspekt der Beruhigung in sich trug, entschied man sich schließlich für die Ampelfarbe grün als Signal für eine gefahrlose Weiterfahrt.

Später kam noch die Gelbphase hinzu, wobei die Wahl auf gelb einfach war, denn diese Farbe liegt bei der menschlichen Farbwahrnehmung genau zwischen rot und grün.

Rio de Janeiro

Auf deutsch heißt die Stadt *Januarfluss*. Der Name stammt daher, dass die Bucht von Rio im Januar 1502 entdeckt wurde, und man zunächst davon ausging, dass es sich um eine Flussmündung handele.

Ritter

Ritter kommt von *Reiter*. So einfach kann die Herkunft von Wörtern manchmal sein!

Russisches Brot

Ferdinand Hanke war ein deutscher Bäcker, der eines Tages St. Petersburg einen Besuch abstattete. Dort stieß er auf die Backware *Bukwi*, die ins deutsche übersetzt so viel wie *Buchstaben* hieß. Als er 1844 schließlich in Dresden seine eigene Bäckerei eröffnete, nannte er diese *Deutsche & Russische Bäckerei* und verkaufte dort das von ihm weiterentwickelte *Russisch Brot*, ein Gebäck in Buchstabenform aus Zucker, Eischnee, Mehl und Kakao.

Sabotage

Im Rahmen der industriellen Revolution wurde immer mehr menschliche Arbeitskraft durch Maschinen ersetzt. Natürlich beunruhigte das viele Arbeiter, denn sie mussten um den Verlust ihres

Einkommens fürchten. Sogar auf dem Land wurden mehr und mehr Maschinen eingesetzt, um bei der Ernte zu helfen. Die französischen Landarbeiter sahen darin eine Bedrohung, die es zu zerstören galt. So kam es immer wieder vor, dass Erntehelfer ihre Holzschuhe in das Getriebe der Maschinen warfen, um diese betriebsunfähig zu halten. Holzschuhe stellten im 19 Jahrhundert in vielen europäischen Ländern die typische Fußbekleidung von Arbeitern dar, denn sie waren günstig und schützten die Füße vor Verletzungen im Arbeitsalltag. Die Feldarbeiter hatten durch die destruktive Verwendung ihrer Schuhe die Hoffnung, dass der Arbeitgeber die Nutzlosigkeit der Maschinen erkennen würde, und stattdessen weiterhin auf die menschliche Arbeitskraft setze. In Frankreich hießen die Holzpantinen der Landarbeiter *Sabots*. So entwickelte sich das Wort *Sabotage*.

Satan

Satan ist das hebräische Wort für *Widersacher*. Damit wird Satan als Gegenspieler Gottes klassifiziert. Der bei uns etwas gebräuchlichere Begriff *Teufel* stammt von dem griechischen Wort *diabolos* ab und bedeutet *Verwirrer* oder *Verleumder*.

Satzzeichen

Wir verwenden unsere Satzzeichen Punkt, Komma, Fragezeichen und Ausrufezeichen so, als ob sie für uns das normalste der Welt wären. Verständlich, denn wir haben diese bereits als Kinder erlernt und könnten ohne sie keinen vernünftigen Text verfassen. Ihren Entstehungszeitpunkt finden die Satzzeichen im Mittelalter, und zwar zunächst eine Art von *Regieanweisung*. Damals gab es nur wenige Menschen, die des Lesens und Schreibens mächtig waren, dementsprechend waren Texte in erster Linie dazu da, von einer Person für viele andere vorgelesen zu werden. Damit die Intention des ursprünglichen Textverfassers möglichst gut wiedergegeben werden konnte, musste der Text mit Vorleseanweisungen versehen werden. Aus diesem Grund führte man Punkt und Komma ein, um die im Text vorgesehenen Sprechpausen zu markieren. Später kam das Fragezeichen dazu, damit der Vorleser wusste, er muss am Ende des Satzes seine Stimme anheben. Das Ausrufezeichen wurde zunächst als Verwunderungszeichen eingeführt, damit der Lesende wusste, aha, jetzt gilt es ein gewisses Erstaunen auszudrücken.

Seifenoper

Im deutschen Fernsehen erfreuen zahlreiche täglich oder wöchentlich gesendete Fernsehserien ihre Zuschauer. Doch warum heißen diese TV-Ausstrahlungen *Seifenopern*, bzw. ihrer englischsprachigen Herkunft nach *soaps*?

Ursprünglich liefen Seifenopern nicht im TV, sondern im Radio, denn sie starteten bereits im Jahr 1932, als es noch gar kein Fernsehen gab. Damals suchten Waschmittelkonzerne nach einem neuen Weg, um Werbung für ihre Produkte zu machen. Sie kamen auf die Idee, dass über das Radio eine täglich laufende Geschichte erzählt werden könnte, die aufgrund ihres Fortsetzungscharakters die Zuhörer immer wieder erneut vor das Radio bringen würde. Zwischen den einzelnen Erzählabschnitten war geplant, die gewünschte Waschmittelwerbung einzustreuen.

Gesagt, getan, auf diese Weise kamen die ersten Fortsetzungsgeschichten ins Radio und fanden zahlreiche Fans. Wen verwundert es, dass diese Serien ihren Spitznamen *soaps* (auf deutsch *Seifen*, woraus die Bezeichnung *Seifenoper* entstanden ist) bekam, wenn sie immer wieder von Waschmittelwerbung unterbrochen wurden? Als später das TV seinen Siegeszug antrat, wurden die Serien kurzerhand auch im Fernsehen ausgestrahlt und erfreuen sich bis heute großer Beliebtheit unter den Zuschauern zahlreicher Länder.

Schiffsladung löschen

Kommt ein Schiff in den Hafen, so wird seine *Ladung gelöscht*. Warum benennt man diesen Vorgang so, obwohl nichts auf dem Schiff brennt? Seinen Ursprung hat die Bezeichnung, wie so vieles, in unserer Vergangenheit. Damals musste der Kapitän eines Schiffes dem Hafenmeister per Unterschrift versichern, dass er für die gesamte Ladung haftet, bis sie vollständig entladen war. Ging während des Ausladens etwas zu Bruch oder wurde ein Teil der Ladung gestohlen, so lag die Schuld beim Kapitän, der Hafenmeister war ohne Verantwortung. Nachdem die Ladung aus dem Schiff geholt und nichts passiert war, entließ man den Kapitän schließlich wieder aus der Haftung. Hierzu wurde seine zuvor abgeleistete Unterschrift geschwärzt, also *gelöscht*. Im Laufe der Zeit zog man die beiden Vorgänge des Entladens und der Entfernung der Unterschrift zusammen, so dass daraus unsere bis heute gängige Bezeichnung *Die Ladung des Schiffs wurde gelöscht* entstand.

Schlachtenbummler

Heutzutage verstehen wir unter einem *Schlachtenbummler* einen Fußballfan, der sich als Zuschauer in ein Spiel seiner Mannschaft begibt und mit allerlei Fanmaterial ausgestattet lautstark jubelnd und anfeuernd auf ein gutes Torergebnis hofft.

Erstaunlich ist, dass es solche Schlachtenbummler schon seit einiger Zeit gibt, und diese damals nicht zu einem Fußballspiel zogen, sondern zu einer echten Kriegsschlacht. Die Schlachtenbummler setzten sich an die Front und beobachteten neugierig das Kriegsgeschehen. Natürlich weit genug entfernt, um nicht selbst verletzt zu werden. Erstmalig erwähnt wurden diese Verrückten im Deutsch-Französischen Krieg 1870/71, und schon zu jener Zeit unter dem Begriff *Schlachtenbummler* geführt.

Schlampe

In der heutigen Zeit kaum noch vorstellbar, aber im Mittelalter war es durchaus üblich, die Straße als Sammelort für nächtlichen Kot und Urin zu gebrauchen. Die Bewohner der Städte leerten das, was sich in den Nachttöpfen angesammelt hatte, am Morgen einfach auf der Straße aus. Das Tagesgeschäft kam natürlich ebenfalls hinzu. Es gab keine andere Möglichkeit, eine Kanalisation war in dieser Zeit noch nicht vorhanden. Manchmal fanden sich wenigstens hierfür vorgesehene Fässer, in die die Notdurft hineingekippt werden konnte.

Irgend jemand musste diese stinkenden Hinterlassenschaften wieder beseitigen, und das waren die *Schlampeiser*. Sie nutzten ein bestimmtes Werkzeug mit der Bezeichnung *Schlampeisen*, um den Kot zusammenzuschieben und auf Holzkarren zu verladen.

Das Eisen wurde so genannt, weil es für den *Slam* gedacht war, die damals gebräuchliche Bezeichnung für Morast, Unrat und Kot. Mit all dem Gestank fuhren die Schlampeiser die menschlichen Hinterlassenschaften schließlich aus der Stadt hinaus. Der Beruf war dreckig, musste aber von irgend jemandem erledigt werden.

Aus den Schlampeisern entwickelte sich das bis heute gebräuchliche Wort *schlampig* für unsaubere und schmutzige Verhältnisse, ebenso die beleidigende Bezeichnung *Schlampe* für eine ungepflegte Frau.

Schloss

Schlösser entwickelten sich während des 15. Jahrhunderts aus den allmählich aus der Mode kommenden *Burgen* zu kleinen oder meist etwas größeren Familienhäusern des Adels. Im Abgrenzung zum *Palast*, der meist in den Städten aufzufinden war und eher der Repräsentation diente, und damit oftmals sogar unbewohnt blieb, bot ein Schloss immer das Zuhause für eine Familie.

Das Wort *Schloss* selbst stammt aus dem althochdeutschen Wort *sloz* ab und bedeutete Türverriegelung. Die Bezeichnung ging auf die neumodischen Schlossburgen über, denn schon die früheren Burgen bezeichnete man als Bauwerke, die ein Tal oder einen Landschaftsabschnitt *abschlossen*.

Das Wort *Palast* dagegen leitet sich von dem römischen Hügel *Mons Palatinus* ab, dem ältesten Siedlungskern Roms. Seit der Zeit Kaiser Augustus' residierten auf diesem Hügel Herrscher in großen Gebäuden. Diese wurden mit der Zeit als *Palatium* bezeichnet, woraus sich wiederum der *Palast* als Bezeichnung für einen kaiserlichen Wohnsitz ableitete.

Unser Sprichwort *Ein Luftschloss bauen* entstand übrigens bereits im 16. Jahrhundert und bezeichnete schon damals pure Fantasieentwürfe und unsinniges Gerede.

Schneekugel

Die erste *Schneekugel* wurde von einem österreichischen Werkzeugmacher um 1890 erfunden. Dieser Mann wollte das Licht einer Kerze verstärken, und experimentierte hierzu mit einer mit Wasser gefüllten Glaskugel herum, in die er Metallspäne gab. Als er sein Werk begutachtete, stellte er fest, dass die Späne wie Schnee aussahen. Er hatte eine Idee und ersetzte die Metallspäne durch Grieß, baute eine kleine Miniaturkirche hinein, stellte das ganze in einem Andenkenladen in seiner Nähe aus, und wartete ab. Es kam, wie es kommen musste, die Kunden waren tatsächlich begeistert, seine Kugel fand reißenden Absatz. Geboren war die *Schneekugel*.

Schnitzeljagd

So schön die Vorstellung auch ist, einem panierten Stück Fleisch hinterherzujagen, mit einem *Wiener Schnitzel* hat die *Schnitzeljagd* leider gar nichts zu tun. Stattdessen stammt die Bezeichnung für das Spiel von dem mittelhochdeutschen Wort *Snitzel* ab, was so viel hieß wie *kleiner Schnitt* oder *klein Geschnittenes*.

Das ergibt Sinn, denn schließlich suchen wir bei diesem Spiel kleine Zettelchen, auf denen sich der nächste Hinweis befindet.

Snitzel geht übrigens zurück auf *Snit*, was das alte Wort für *Schnitt* ist. Unabhängig von dem hier angesprochenen Spiel liegt darin auch der Ursprung für das *Schnitzel* als dünn geschnittenes Fleischstück.

Schrebergärten

Der Leipziger Arzt und Pädagoge *Daniel Gottlob Moritz Schreber* lebte von 1808 bis 1861 und beklagte schon damals, dass die Stadtkinder zu wenig in der Natur spielen und lernen konnten. Er hatte die Idee, dass dem in der Stadt speziell für Kinder angelegte Grünflächen abhelfen könnten. Leider schaffte er es nicht mehr, sein Projekt zu Lebzeiten in die Tat umzusetzen.

Erst sein Schwiegersohn, *Ernst Innocenz Hauschild*, ein Leipziger Lehrer und Schuldirektor, setzte die Idee Schrebers in die Tat um. Er ließ in Leipzig eine Kleingartenanlage gründen, in der Kinder den Umgang mit dem Gartenbau lernen sollten.

Leider scheiterte das Experiment, die Kinder hatten zu wenig Lust am gärtnern. Um die Gartenanlage nicht völlig zerfallen zu lassen, entschlossen sich nach einer Weile die Eltern der Kinder, die Gärten zu nutzen und zu bewirtschaften. Schließlich teilten sie die Anlage in einzelne Flächen ein und bauten Zäune um die Parzellen. Die ersten *Schrebergärten* waren geboren, die man in Andenken an Daniel Gottlob Moritz Schreber tatsächlich auch so benannte.

Schreiben von links nach recht

Bereits um 500 vor Christus ging man in Westeuropa zum Schreibstil von links nach rechts über. Vermutlich hing das mit dem damals am gebräuchlichsten Schreibmaterial Papyrus und Tinte zusammen. Nutze man dabei die Schreibrichtung von links nach rechts, so zeigte sich zumindest bei den Rechtshändern kein Verschmieren der Schrift beim Nachziehen der Hand.

In den Jahrtausenden zuvor wurde kreuz und quer in alle Himmelsrichtungen geschrieben, da es keine einheitlichen Festsetzungen gab. Die alten Griechen beispielsweise schrieben in beide Richtungen, von links nach rechts und dann von rechts zurück nach links. Das ähnelte dem Pflügen eines Feldes: wenn das Ochsengespann am einen Ende ankam, wendete es, und pflügte in die andere Richtung zurück.

Schultüte

Der Brauch, einem Kind zur Einschulung eine *Schultüte* bzw. *Zuckertüte* zu schenken, geht auf das Jahr 1810 zurück und fand in Sachsen und Thüringen seinen Anfang. Dort erzählte man früher den Kindern, dass im Haus des Lehrers ein Zuckertütenbaum wachse. Sobald die Tüten groß genug sind, sei die Zeit für die Schule gekommen. So sollte dem Kind der Schulanfang einfacher gemacht werden, bzw. das Kind sollte sich durch die Zuckertüte sogar ein bisschen auf die Schule freuen dürfen. An manchen Schulen ging man sogar so weit, dass Bäume im Schulgarten mit den Zuckertüten bestückt wurden. Die erste Aufgabe des neuen Schulkindes war es dann, seine für ihn bestimmte Zuckertüte ausfindig zu machen. Bis heute hält sich in den neuen Bundesländern der Begriff *Zuckertüte*, während man das Einschulungsgeschenk in den alten Bundesländern eher als *Schultüte* bezeichnet.

Schwarzes Brett

In früheren Zeiten gab es in den meisten Wirtshäusern eine schwarze Schiefertafel an der Wand, auf der der Wirt die Schulden der Gäste eintrug. Konnte ein Gast gerade mal nicht bezahlen, so wurde sein Name und der Betrag mit weißer Kreide auf diese Tafel geschrieben. Später entwickelte sich die Tafel zum Holzbrett, auf dem amtliche Bekanntmachungen der Gemeinde angebracht wurden. Da das Brett, in Anlehnung an seinen Ursprung, schwarz angestrichen wurde, hatte es schnell seine Bezeichnung *Schwarzes Brett* gefunden.

Schweigeminute

Gedenken wir Verstorbenen, vor allem dann wenn ein großes Unglück stattgefunden hat, so wird oftmals eine öffentliche Schweigeminute durchgeführt. Das gesamte Leben steht still, und wir denken an die Toten.

Erfunden wurde die Schweigeminute bereits vor knapp 100 Jahren, als der Erste Weltkrieg vorbei war und Millionen von Menschen ihr Leben im Krieg lassen mussten. Ein australischer Journalist hatte die Idee, den englischen Opfern mit einer öffentlichen stillen Minute des Gedenkens Respekt zu zollen.

Dem damaligen britischen König George V. gefiel diese Idee gut, und er setzt sie in die Tat um. Am 7. November 1919 wurde die erste offizielle Schweigeminute mit den Worten *Jegliche Bewegung sollte innehalten, auf dass, in vollständiger Stille, die Gedanken eines Jeden auf ehrfurchtsvolles Angedenken der ruhmreichen Toten sich konzentrieren können,* angeordnet.

Bis heute wird im gesamten Commonwealth den Toten des Ersten Weltkriegs mit zwei Minuten des Schweigens gedacht, die immer am zweiten Sonntag im November stattfinden.

Schweiz

Die Schweiz hat ihren Namen von einer eher unwirtlichen Gegend, nämlich einem morastigen feuchten Kanton. Dieser trug die Bezeichnung *Sumpf,* was auf schweizerdeutsch *Schwyz* heißt. Der Name dieses Kantons wurde im 15. Jahrhundert auf die gesamte Eidgenossenschaft übertragen und bildete damit den Namen des Landes. Die Abkürzung *CH* steht für *Confoederatio Helvetica* (lateinisch), sie ist die international gebräuchliche Abkürzung für das Land.

Schwül

Empfinden wir eine Wetterlage als *schwül,* so meinen wir damit, dass es warm ist, bei gleichzeitig hoher Luftfeuchtigkeit. Entstanden ist das ganze aus dem alten Begriff *schwul,* welcher die Bedeutung *beklemmend* und *ängstlich* hatte. Das passt auch heute noch ein bisschen, denn schwüles Wetter kann sehr beklemmend sein. Schließlich wandelte der Volksmund *schwul* zu *schwül,* um einen Gegenbegriff zu *kühl* zu bilden. Man könnte somit sogar heutzutage noch sagen, dass *es heute sehr schwul ist,* möchte man die alte Sprache vergangener Jahrhunderte benutzen. Ob andere dann aber wissen, was gemeint ist?

Auch der manchmal genutzte Begriff *Schwulitäten* kommt aus der selben Richtung, denn damit sind *Schwierigkeiten* und *Bedrängnisse* gemeint.

Ein homosexueller Mann wurde übrigens bereits um das Jahr 1900 als *schwul* bezeichnet. Auch hierbei geht die Bezeichnung auf das Wetterphänomen zurück, denn ein schwuler Mann wurde als *warmer Bruder* verstanden, was damals durchaus abwertend gemeint war.

Sekt

Sekt wurde in Deutschland erfunden und hieß zunächst nur *Schaumwein.* Vom Schaumwein zum Sekt verwandelte sich das Getränk durch einen berühmten Hofschauspieler im Berlin der 1820er Jahre. Der Schauspieler *Ludwig Devrient* besuchte nach seinen gefeierten Vorstellungen regelmäßig das Berliner Weinlokal *Lutter & Wegner* und orderte dort ein Glas Schaumwein. Als Schauspieler natürlich nicht auf gewöhnliche Weise, sondern mit dem lauten Schrei eines Zitats aus dem Shakespeare-Drama Henry IV: *A cup of sack!* durch das ganze Lokal. Der Kellner wusste, was er meinte, und brachte ihm den gewünschten Schaumwein. Die anderen Gäste taten ihm gleich, so dass sich aus dem *sack* allmählich die Bezeichnung *Sekt* von Berlin aus in ganz Deutschland einbürgerte.

Servus!

Für alle Lateiner unter uns ist das kein Problem, aber denjenigen, die in der Schule nicht mit dieser schönen toten Sprache in Berührung kamen, sei gesagt, dass *servus* für *der Sklave* steht. Grüßt oder verabschiedet man sich in Bayern mit einem netten *Servus!*, so meint man damit *Dein Sklave!*, womit so viel wie *Ich bin Dein Diener* oder *Zu Deinen Diensten* gemeint ist.

Shampoo

Nachdem die Engländer Indien erobert hatten, ließen sie sich von den dort lebenden Einheimischen gerne eine landestypische Kopfmassage geben. Diese Massage hieß bei den Indern *Champoo*. Die englischen Kolonialherren übernahmen den Begriff und später ergab sich daraus die Bezeichnung *Shampoo* als Waschmittel speziell für die Haare.

Showdown

Im Film stellt der *Showdown* den Höhepunkt dar, in einem Actionfilm beispielsweise den entscheidenden Endkampf. Seinen Ursprung hat jener wichtige Filmmoment im Kartenspiel *Poker*, dort wird der Moment, in dem die Karten der verbleibenden Spieler auf den Tisch gelegt werden müssen, als *Showdown* bezeichnet.

Poker kommt übrigens vom englischen Begriff *to poke*, was auf deutsch so viel wie *klopfen* oder *pochen* heißt. Kein Wunder, denn beim Poker werden die Karten deutlich hörbar auf den Tisch gehauen.

Silberblick

Der Begriff *Silberblick* stammt ursprünglich aus dem Bergbau. Dort musste regelmäßig der Silbergehalt von Erzen bestimmt werden. Hierzu hat man im 18. Jahrhundert das im Erz gebundene Silber in Blei aufgelöst, und das Blei anschließend durch Oxidation vom Silber getrennt. Den Augenblick, in dem sich das Silber zum ersten mal zeigte, nannte man den *Silberblick*. Das war für die Bergbaufachleute ein bezaubernder Moment, denn das Silber zeigte dabei einen wesentlich intensiveren, bunteren Schimmer als gewöhnlich. Dieser wurde durch Bleioxid auf der Oberfläche des Silbers erzeugt, ähnlich dem Öl das auf Wasser schwimmt und es bunt schillern lässt. Heutzutage verstehen wir unter einem *Silberblick* ein leichtes Schielen der Augen, welcher durchaus als besonders verführerisch wirkender Schönheitsmakel verstanden werden kann.

Silhouette

Unter dem französischen König Ludwig dem 15. gab es einmal einen Finanzminister mit dem Namen *Étienne de Silhouette*. Dieser hatte im Jahr 1760 das Problem, dass die Ausgaben im Staatshaushalt die Einnahmen um fast das doppelte überstiegen. Als Finanzminister war es nun seine Aufgabe, diese Herausforderung zu lösen, und so erfand er neben eisern durchgeführter Sparsamkeit eine Steuer nach der anderen. Vor allem der Adel wurde plötzlich mit absurden neuen Ausgaben belastet, wie beispielsweise Steuern auf Fenster, auf Türen, auf Hausangestellte, auf Jagdhunde, auf Luxuswaren und so weiter und so fort.

Natürlich waren die Adeligen darüber nur wenig erfreut, und der Finanzminister stieg in der Unbeliebtheitsskala ganz nach oben. Mit der Zeit fanden sich immer mehr Anspielungen und böse Witze auf den Herrn Étienne de Silhouette, um den eigenen angestauten Frust über ihn einen Weg zu geben. Unter anderem witzelten die Adeligen, dass der Minister derart sparsam sei, dass er für die Bilder im Palast keine herkömmlich gemalten Portraits mehr verwende, sondern nur noch umrisshafte Schattenzeichnungen, die ein Maler wesentlich günstiger anfertigen könne. Zwar verweilte der Minister insgesamt nur kurze acht Monate im Amt, dennoch blieb sein Name bis heute an diesen Umrisszeichnungen hängen.

Skandinavien

Mit Skandinavien meinen wir heutzutage die große Halbinsel im Norden, auf der Schweden, Norwegen und ein Teil von Finnland liegt. Der Name kommt vermutlich aus der germanischen Bezeichnung *skadin-awja*, was so viel wie *gefährliche Insel* heißt. Denn die Seefahrer fürchteten früher die Sandbänke rund um das südliche Ende Schwedens.

Sklave

Bei der Bezeichnung *Sklave* denken die meisten von uns zunächst an den römischen Leibeigenen. Tatsächlich hat das Wort aber seinen Ursprung im eigenen Land. Die Deutschen Herrscher holten sich im Mittelalter gewaltsam Menschen in Gebieten des heutigen Osteuropas, um sie als Diener und Arbeitskräfte einzusetzen. Im Mittelalter wohnte dort ein Volksstamm mit der Bezeichnung *Slawen*. Dieser Stamm trug zu früheren Zeiten auch den Namen *Sklaven*. So kam es, dass sich die Deutschen im wahrsten Sinne des Wortes *Sklaven* holten, damit diese die niederen Arbeiten verrichten mussten. Die Bezeichnung des Volksstammes bürgerte sich allmählich als allgemeine Bezeichnung für Menschen ein, die gegen ihren Willen in einem anderen Land festgehalten und zum Arbeiten gezwungen wurden.

Slapstick

Das Filmformat *Slapstick* beinhaltet hauptsächlich lustige Szenen, vor allem Handgreiflichkeiten, die ohne Worte dargestellt werden und aus der Handlung heraus komisch sind. Das ganze geht auf die Zeit des tonlosen Films ganz zu Beginn der bewegten Bilder zurück, als Komik noch nicht durch gewitzte Dialoge ausgedrückt werden konnte. Die Filmproduzenten mussten also dieses Format wählen, um ihre Zuschauer zum Lachen zu bringen.

Seinen Namensursprung hat der *Slapstick* in einer Theaterrequisite, die wir aus dem Kasperletheater kennen: Kaspar benutzt einen aus zwei zusammengebundenen Hölzern bestehenden Schlagstock, der beim Zusammenklappen einen lauten Knall von sich gibt. Dadurch soll angedeutet werden, dass Kaspar eine andere Figur gerade geschlagen hat. Im englischen wird dieser Schlagstock als *slapstick* bezeichnet.

Smoking

Vor langer Zeit war der *Smoking* ein spezieller Anzug, den die englischen Herren über ihre normale Abendgarderobe überzogen, bevor sie in das Raucherzimmer verschwanden. Sinn und Zweck dieses Kleidungsstückes war es, die Damen nicht allzu sehr mit dem Geruch der Zigarren und Pfeifen zu belästigen. Denn nach dem Rauchen legten die Männer den Smoking wieder ab, und mit ihm zumindest einen Teil des Geruchs. Insofern stellte der Smoking lange Zeit tatsächlich nur einen Überzug dar, der zum Rauchen angezogen wurde, nicht aber für die restliche Zeit des Abends.

Seinen Durchbruch als festliche Abendgarderobe für den Herrn erlangte der Smoking erst um 1850 herum, als einmal Edward, Prinz von Wales, seine Gäste zum Abendessen im Smoking empfing. Niemand traute sich, etwas dagegen zu sagen, und so wurde der Smoking schnell als normales Kleidungsstück für den gesamten Abend akzeptiert.

Soho

Drei Weltstädte haben ein eigenes Viertel mit der Bezeichnung *Soho*, London, New York und Hongkong. In allen drei Fällen steht das Quartier für Vergnügen, Ausgehen und Unterhaltung. Den Ursprung findet man in London, auf dem Gebiet des heutigen Soho lag das Jagdrevier der englischen Könige, und *Soho!* war der damals gebräuchliche Jagdruf. Als London wuchs, wurden auf dem Gebiet Wohnungen errichtet, welche eine Heimat für Zugezogene aus aller Welt darstellten. So konnte sich schnell ein multikultureller lebendiger Stadtteil entwickeln. In Anlehnung an London wollte man auch in New York ein Soho haben, hier wählte man aber die Bezeichnung *SoHo* als Abkürzung für *South of Houston Street*.

Soldat

Die Bezeichnung *Soldat* stammt von *Sold* ab, der Bezahlung die Soldaten erhalten. *Sold* wiederum geht auf *solidus* zurück, eine Goldmünze, die im Jahr 309 vom römischen Kaiser Konstantin dem Großen eingeführt wurde.

Sorbet

Im 8. Jahrhundert kamen Sultane im ägyptischen Kairo auf die Idee, gewöhnliches Eis, das sie aus den Bergen holen ließen, mit Früchten, Gewürzen und Zucker zu versehen. Sie nannten dieses Gemisch *Scherbet*, woraus unser heutiges *Sorbet* seinen Namen erhielt. Bereits zuvor aß der römische Kaiser Nero im 1. Jahrhundert nach Christus Eis, ebenfalls mit Früchten und Gewürzen vermengt. Die Römer gaben zu dieser Zeit aber noch keinen Zucker hinzu, so dass das ganze etwas weniger süß war als bei den Arabern. Um schnell an sein geliebtes Eis zu gelangen, ließ Nero sogar Staffelläufer einsetzen, die in die Berge rennen und dort das Eis holen mussten. Erst um das Jahr 1660 wurde in Sizilien das erste Speiseeis in der Form erfunden, wie wir es heutzutage gewohnt sind, mit den Zutaten Milch, Zucker, Schlagsahne und Eidotter.

Spa

Besuchen wir eine Saunalandschaft oder ein Hotel mit Wellnessbereich, so wird oftmals die zusätzliche Bezeichnung *Spa* verwendet. Man verbindet damit einen besonderen Erholungswert, der vor allem auf Anwendungen in Verbindung mit Wasser zurück geht. Ursprünglich stammt der Begriff von der lateinischen Bezeichnung *sanus per aquam*, was auf Deutsch so viel heißt wie *Gesundheit durch Wasser*. Andere Quellen benennen den belgischen Badeort *Spa* als Ursprung dieser Bezeichnung. Da der Ort Spa bereits seit dem 17. Jahrhundert intensiv von badewilligen Gästen aufgesucht wurde, hat sich der Ortsname verallgemeinert und wurde als Synonym für Badekuren verwendet.

Spätzle

Die Herkunft der Mehlspeise *Spätzle* ist bis heute weitgehend ungeklärt. Man vermutet jedoch, dass es sich dabei um eine spaßhafte Bezeichnung handelt. Früher wurden die kleinen einzelnen Teigstückchen nicht vom Brett geschabt, sondern direkt in der Hand gerollt. Da Spätzle damals von den eher ärmeren Bevölkerungsschichten gegessen wurden, kam man vom Sprichwort *Besser den Spatzen in der Hand als die Taube auf dem Dach* zu der humorvollen Bezeichnung für die kleinen Teigspatzen in der Hand.

Splitterfasernackt

Steht jemand *splitterfasernackt* vor uns, so hat diese Person definitiv überhaupt nichts am Leib, sie ist komplett nackt. Mit Splittern hat dieser Ausdruck aber überhaupt nichts zu tun, sondern geht viele Jahrhunderte in die mittelalterliche Holzproduktion zurück. In diesem Wirtschaftszweig spricht man vom *Splint*, welcher die Faserschicht eines Baumes zwischen Rinde und Stamm darstellt, das sog. *Faserholz*. Für bestimmte Arten der Weiterverarbeitung, wenn man nur das innere *Kernholz* benötigte, musste ein gefällter Baum von Zweigen, Rinde und dem Splint befreit werden. Es genügte dann nicht, nur die Rinde zu entfernen, auch der Splint musste weg, erst dann war der Baum wirklich nackt, er war *splinterfasernackt*. Im Volksmund entwickelte sich dieser Begriff weiter zum bis heute gebräuchlichen Ausdruck *splitterfasernackt*.

Stockdunkel

Als *Stock* wurde das Holzgestell bezeichnet, in das der Gefangene in mittelalterlichen Kerkern mit Händen und Beinen eingeklemmt war. Ab diesem Moment sah es für den Inhaftierten eher schlecht aus, bzw. er sah gar nichts mehr, denn die Kerker in einer Burg waren meist ohne jegliche Fenster. Kam nicht gerade ein Wachmann mit einer Fackel vorbei, so dürfte die Gefangenschaft eher dunkelschwarz gewesen sein. Kein Wunder, dass aus diesem Umstand schnell ein neues Wort für vollkommene Finsternis entstand, das *Stockdunkle*. Später verselbstständigte sich die Vorsilbe *stock* und setzte sich vor zahlreiche andere Begriffe, die einer Maximierung bedurften. So gibt es bis heute in unserer Sprache die Ausdrücke *stocksauer, stockbetrunken, stocknüchtern*, etc.

Stümper

Im Mittelalter war *Stümpler* eine abschätzige Bezeichnung für einen Handwerker, der mit schlechtem stumpfen Werkzeug arbeitet, also nicht fachgerecht vorging. Zunftgebundene Handwerker benutzten dieses Schimpfwort auch gerne für diejenigen, die sich aus der Zunft entfernt hatten. Daraus entwickelte sich bis in unsere Zeiten der Ausdruck *Stümper* für eine Person, die unprofessionell arbeitet und ihre Sache eher schlecht als recht erledigt.

Stuttgart

Seinen Anfang fand Stuttgart in einem Stückchen Weideland, das gut geschützt in einem Talkessel lag. Der Herzog Liudolf von Schwaben dachte sich, das sei ein hübscher Platz für ein Pferdegestüt, und setzte seinen Gedanken in die Tat um. So entstand bereits im 10. Jahrhundert auf dem heutigen Stadtgebiet ein Garten für Stuten bzw. Pferde, damals als *Stugarten* oder *Stuogart* bezeichnet. Das Wort *Stuot* stand im Mittelhochdeutschen nicht nur für Stuten, sondern allgemein für *Herde*. So blieb es eine ganze Weile, Pferde standen herum und aßen ihr leckeres Gras, bis schließlich, 500 Jahre später, *Herzog Eberhard im Bart* das Land zu seinem Residenzsitz auserkor. Von da an nahm die Besiedlung zu, und es entwickelte sich das uns heute bekannte Stuttgart. Auf seinen Ursprung verweist nach wie vor das Stuttgarter Wappen, darauf ist bis heute ein Pferd zu sehen.

Tapete

Die an den Wänden klebende *Tapete* geht auf den lateinischen Begriff *tapetium* zurück, was so viel heißt wie *Teppich* oder *Decke*. Insofern handelt es sich bei einer Tapete ursprünglich um eine Art Wandteppich oder Wanddecke.

Tropen

Wenn wir an die Tropen denken, so assoziieren wir damit meist türkisgrünes warmes Meer, breite hellweiße Sandstrände, heiße Tage und warme Nächte. Geographisch betrachtet meint die Bezeichnung *Tropen* lediglich den Bereich zwischen dem nördlichen und südlichen Wendekreis auf unserem Globus (ungefähr 23 Grad nördlicher und südlicher Breite, also ein recht breiter Streifen oberhalb und unterhalb vom Äquator). Dort steht die Sonne zu bestimmten Zeiten im Jahr senkrecht über der Erdoberfläche und sorgt dadurch für eine sehr hohe Strahlungsintensität. Ursprünglich stammt der Begriff von dem griechischen Wort *tropos* ab und bedeutet *Wende* bzw. *Sonnenwende*.

Toast Hawaii

Die mit Schinken, Käse und Ananas gebackene Toastbrotscheibe erhielt ihren Namen in den 50er Jahren unserer noch jungen Republik. Ein Fernsehkoch erfand die Speise und gab ihr zugleich den schönen Namen *Toast Hawaii*, welcher einen Ausdruck der neuen Sehnsucht der Deutschen nach der großen weiten Welt darstellte.

Türmen

Früher wie heute zieht es Gefangene nach draußen in die Freiheit. Da die Verurteilten in mittelalterlichen Zeiten meist in einem der Stadtmauertürme verwahrt wurden, und demzufolge aus einem *Turm* ausbrechen mussten, entstand der Begriff *türmen* als Synonym für *ausbrechen* oder *fliehen*.

Uhrzeigersinn

Es ist für uns inzwischen Alltagssprache, eine bestimmte Laufrichtung *im Uhrzeigersinn* zu bezeichnen oder *gegen den Uhrzeigersinn*. Doch woher kommt überhaupt die Richtung, in die die Zeiger sich zu drehen haben? Wer hatte das erstmalig festgelegt? Ganz geklärt ist es bis heute nicht, aber man geht mit großer Sicherheit davon aus, dass die Laufrichtung unserer Uhrzeiger von der Sonnenuhr übernommen wurde. Steckt man einen Stock in die Erde und beobachtet, wie der Schatten wandert, so macht er das in die Richtung, in die sich unsere heutigen Uhrzeiger bewegen. Es spricht viel dafür, dass die ersten Erbauer von mechanischen Uhren diese Laufrichtung einfach übernahmen.

Underdog

Underdog ist ein in der englischen Umgangssprache gebräuchliche Bezeichnung für eine Person, die anderen unterlegen ist. Die Bezeichnung stammt aus dem Hundekampf: Ist einer der beiden Hunde schwächer als der andere, so legt er sich früher oder später auf den Rücken und zeigt seinem Gegner den Bauch, wodurch die Machtstellung geklärt und der Kampf beendet sein sollte. Inzwischen hat dieses Wort seine Eingliederung in die deutsche Sprache gefunden und wird in seiner ursprünglichen englischen Schreibweise auch von uns benutzt.

Unter den Linden

Die Berliner Prachtallee *Unter den Linden* wurde erstmalig kurz nach dem Dreißigjährigen Krieg 1648 angelegt und bestand aus eintausend Linden. So wie diese Straße wurden die meisten Alleen im ehemaligen Preußen seitlich mit Linden bepflanzt. Doch warum ausgerechnet Linden? Hauptgrund dafür ist ihre enorme Widerstandsfähigkeit, denn Linden schaffen es immer wieder, sich von innen heraus selbst zu verjüngen, selbst im hohen Alter. So mancher Mensch könnte da neidisch werden. Zudem vertragen Linden Schnittmaßnahmen gut und können besonders eng nebeneinander gepflanzt werden. Also die idealen Alleebäume. Zudem klingt der Name schön! Hätte man Kiefern genommen, so liefe man jetzt *Unter den Kiefern* durch Berlins Mitte, was weitaus weniger feudal klingen würde.

Urlaub

Urlaub entwickelte sich aus dem althochdeutschen Wort *arlouben*, was übersetzt in das heutige Deutsch so viel wie *erlauben* bedeutet. Entstanden ist der Begriff im 19. Jahrhundert aus der Militärsprache heraus, denn damals bezeichnete er die Erlaubnis, sich aus der Kaserne oder vom Arbeitsplatz entfernen zu dürfen. Die *Ferien* entstammen dagegen dem lateinischen *feriae*, was mit *freie Tage* bzw. *Feiertage* übersetzt werden kann.

Utopia

Bezeichnet man einen Ort als *Utopia* oder eine Geschichte als Utopie, so meint man damit meist einen frei erfundenen Ort oder eine erdachte Geschichte, die es in Wahrheit nicht gibt. Das passt, denn der Begriff Utopia setzt sich aus dem griechischen *ou* zusammen, was so viel wie *nicht* heißt, und *topos*, was *Ort* bedeutet.

Utopia ist damit ein *Nicht-Ort*, also ein nicht vorhandener Platz auf unserer Erde.

Vandalismus

Der Begriff *Vandalismus* stammt vom germanischen Volksstamm der *Vandalen* ab. Diese verewigten sich dauerhaft im Gedächtnis der Geschichte, als sie im Jahre 455 nach Christus die Stadt Rom eroberten. Besonders aggressiv mussten sie dabei nicht vorgehen, man kann beinahe von einer widerstandslosen Eroberung sprechen.

Dennoch waren die Römer von der feindlichen Übernahme tief schockiert, denn machtlos mussten diese mit ansehen, wie die Vandalen zwei Wochen lang ihr geliebtes Städtchen ausraubten. Sie nahmen sogar das goldene Dach des Jupitertempels mit und verschleppten römische Kunsthandwerker nach Germanien, um sie dort für sich arbeiten zu lassen. Die Römer zahlten es den Vandalen heim und beschrieben sie fortan als primitives Volk, das selbst vor der Schändung höchster Kulturen nicht zurückschreckt.

Schließlich erfand noch ein französischer Bischof namens Henri Grégoire 1794 das Kunstwort *le vandalisme*, welches die sinnfreie Zerstörung von Kunstwerken während der französischen Revolution beschrieb. Spätestens damit hatten die Vandalen ihren Ruf weg, und der Begriff *Vandalismus* hat bis heute als Synonym für sinnlose Zerstörungswut überdauert.

Vaterland

Warum bezeichnen wir das Land, in dem wir geboren sind, als Vaterland, und nicht etwa als Mutterland oder Elternland? Diese Bezeichnung hat eine lange Geschichte und geht auf die antiken Römer zurück. Da der Römer sein Land immer vom Vater erbte, nahm auch die Sprache diese Tradition ein. Denn im lateinischen wird das Vaterland als *patria* bezeichnet, und der Vater heißt *pater*. Es ist das Land des Vaters. Die Bezeichnung Vaterland fand schnell ihren Weg über die Alpen in das nördliche Europa und ist zumindest hier in Deutschland seit vielen Jahrhunderten in den Aufzeichnungen des Mittelalters belegt.

Zum Ausgleich für die Mutter sprechen wir zumindest ihre Sprache, die *Muttersprache*. Dieser Begriff existiert ebenfalls schon recht lange in den Aufzeichnungen der Deutschen, eine erste stammt aus dem 16. Jahrhundert. Damals wurde die Bezeichnung *Muttersprache* verwendet, um eine Abgrenzung zur Wissenschaftssprache Latein zu bilden.

Denn wer in der Sprache seiner Mutter sprach, der redete in Deutschland vermutlich kaum lateinisch.

V-Mann

Ein *V-Mann* ist eine private Vertrauensperson des Staates ohne Anstellungsverhältnis, also nicht Mitglied einer Behörde oder sonstigen statlichen Organisation. Der V-Mann erhält einen Auftrag vom Staat, um sich beispielsweise in eine verbrecherische Organisation einzuschleusen und dort wichtige Informationen auszuspähen. Das „V" im V-Mann kommt vom lateinischen *Vigilant* und heißt so viel wie *wachsam* oder *Wächter*. Noch im Mittelalter wurden beispielsweise die Stadtwächter *Vigilanten* genannt.

Voilà!

Bereits seit dem 18. Jahrhundert nutzen wir auch im deutschsprachigen Raum den Ausdruck *Voilà*, wenn wir anderen Personen etwas stolz präsentieren oder vorführen möchten. Der Begriff entstand im französischen aus der Kombination von *Voir* (sehen) un *là* (da) und heißt so viel wie *Siehe da!*

Walpurgisnacht

Schon die alten Germanen hatten das Problem, ständig vor allem und jedem Angst zu haben. Kein Wunder, die Natur und ihre Zusammenhänge waren noch nicht erforscht, die unerklärlichen Phänomene um die Leute herum mussten furchteinflößend gewesen sein.

So kam man auf die Idee, dass sicherlich irgendwelche Unwesen herumschleichen würden, die doch vertrieben werden müssten. Gesagt, getan, geboren war die Nacht der Feuer vom 30. April auf den 1. Mai. Auf jedem Hügel wurde ein großes Feuer angezündet, welches schon helfen würde, die unsichtbaren Unwesen zu vertreiben. Zusätzlich trug man hässliche Masken und ließ Peitschen knallen und Rasseln lärmen.

Die Nacht auf den 01. Mai wurde gewählt, da die Überzeugung gegeben war, dass sich in dieser Nacht die Mächte der Finsternis noch einmal aufraffen und Angriffe auf die Menschen planen. Denn seit vorchristlichen Zeiten galt diese Nacht des Jahres als Frühlingsanfang, und vermutlich wollten die bösen Geister nicht einfach so vom geliebten dunklen kalten Winter loslassen. Also auf, herumschleichen und die Germanen ärgern!

Später erweiterte sich die Angst noch, die Menschen des Mittelalters befürchteten, dass in dieser Nacht die Hexen ein Treffen veranstalten könnten, um ihnen Gemeinheiten zuzufügen.

Ihren Namen erhielt die Nacht von *Walpurga*, einer 779 gestorbenen katholische Heiligen. Sie war die Schutzherrin der Bauern und deren Nutztiere und schützte sogar vor der Pest. Da im Mittelalter meist Bauern um die Feuer tanzten, nahmen diese einfach ihre Schutzheilige und verpassten der Nacht ihren Namen, um sie zu ehren und um Schutz zu beten. Wie man sieht hat es gut funktioniert, bis heute wurde noch kein einziges Walpurgisnacht-Unwesen gesichtet.

Wiener Würstchen

Diese Wurst geht auf einen aus Frankfurt am Main stammenden Metzgermeister zurück. Ihn zog es nach Wien, wo er 1805 seine eigene Metzgerei eröffnete. In Frankfurt zum Metzger ausgebildet, ärgerte er sich oft, dass die dortigen Vorschriften lediglich eine einzige Fleischsorte in den *Frankfurter Würstchen* erlaubten. In Wien war das liberaler, es durften mehrere Fleischsorten in die Wurst verarbeitet werden.

Diese Chance nutzte er und mischte zum Schweinefleisch Kalbsfleisch hinzu, was den Geschmack nochmals deutlich verbesserte. Seine Erfindung war in Wien äußerst beliebt und wurde gerne gekauft, sogar von Kaiser Franz Joseph. Da die Produktion in Wien stattfand, bekamen die Würstchen ihren Namen als *Wiener*. Nur in Wien selbst wird die Wurst bis heute als *Frankfurter Würstchen* bezeichnet.

Wolke

Der Begriff Wolke stammt von dem germanischen Wort *wulkana* ab. Das wiederum geht auf *welg* zurück, was für *feucht* steht. Na klar, feuchte Dinger am Himmel. Liegt eine Wolke auf dem Boden, so haben wir Nebel. Vermutlich haben die Vorzeitmenschen so ihre ersten direkten Berührungen mit Wolken gehabt und sie deshalb als feucht bezeichnet.

Wolken fallen übrigens deswegen nicht vom Himmel, weil ihre einzelnen Wassertröpfchen so extrem klein sind. Dadurch haben sie ein sehr geringes Gewicht, das von den Luftteilchen um sie herum getragen werden kann. Weiß sind die meisten Wolken, weil die Wolkentröpfchen sämtliche Wellenlängen des einfallenden Lichts gleichmäßig zerstreuen, somit keine Wellenlänge bevorzugen. Wäre dem so, so hätten wir vielleicht grüne oder rote Wolken. Wird eine weiße Wolke immer grauer, so bedeutet das, dass die Wolkentröpfchen in ihr zahlreicher und dichter werden. Irgendwann kann die Wolke ihre Last nicht mehr halten und es fängt an zu regnen.

Zapfenstreich

Ganz ursprünglich stellte der *Zapfenstreich* einen Schlag auf den Zapfhahn des Fasses dar, aus dem den Soldaten im Wirtshaus Bier ausgeschenkt wurde, um die Schließung der Kneipe zu signalisieren. Denn *Streich* ist ein altes Wort für *Schlag*, und viele Soldaten konnten anscheinend erst durch einen solchen lauten Knall erkennen, dass es nun Zeit war, in die Kaserne zurückzukehren.

Bis heute ist der *Zapfenstreich* die Bezeichnung für den Zeitpunkt, ab dem die Soldaten am Abend in ihrer Unterkunft verbleiben müssen. Der *Große Zapfenstreich* dagegen stellt ein militärisches Zeremoniell dar, bei dem ausscheidende Politiker und Generäle verabschiedet werden.

Wenn wir schon einmal im Wirtshaus sind: Es gibt das Sprichwort *Der letzte zahlt die Zeche*. Doch ist das wirklich so? Muss die Person, die nach einem geselligen Trinkabend im Gasthaus als letzte geht, die noch unbezahlten Getränke begleichen? Ich kann Sie beruhigen, dem ist nicht so. Jeder Gast muss nur das bezahlen, was er tatsächlich getrunken und verzehrt hat. Niemand ist dazu verpflichtet, die Rechnung der anderen zu übernehmen, selbst wenn er der letzte ist und die anderen schon gegangen sind.

Die Beweislast liegt hier beim Wirt, er muss beweisen können, welcher Gast was getrunken hat. Kann er das nicht, beispielsweise weil er für den Tisch nur eine Gemeinschaftsrechnung erstellt hat, und nicht eine Rechnung für jeden Gast einzeln, so hat er das Nachsehen. Er kann nun nicht mehr nachweisen, wer was bestellt hat und muss auf die Bezahlung der noch offenen Getränke verzichten.

Etwas anderes gilt wiederum dann, wenn der Wirt die Anzahl der bestellten Getränke auf dem Bierdeckel des jeweiligen Gastes vermerkt hat. Ein solcher hat Beweiskraft und gilt in juristischer Hinsicht, man mag es kaum glauben, sogar als Urkunde, die vom Gast nicht einseitig abgeändert werden darf. Dies würde ein strafrechtlich relevantes Handeln im Bereich der Urkundenfälschung darstellen.

Zimtzicke

Meckert eine Frau etwas zu viel, so wird sie schnell als *Zimtzicke* bezeichnet. Mit *Zimt* ist jedoch nicht das Gewürz gemeint, sondern ein altes Wort für *Geld*, bzw. für die Mühen und Sorgen, die mit dem Zahlungsmittel verbunden sind. Mit *Zicke* ist tatsächlich das Tier gemeint, das in seiner tierischen Sprache herummeckert. Vermutlich geht die Bezeichnung *Zimtzicke* auf Frauen zurück, die im späten Mittelalter ihrem Ehemann mit zu großen Geldsorgen auf die Nerven gingen.

Eine ähnliche Herkunft weist die Bezeichnung *kapriziös* auf, denn diese stammt von dem lateinischen Wort *capra* ab, was für Ziege steht. Kapriziöse Personen haben zickige Launen und können ihrem Umfeld damit auf die Nerven gehen.

Zocken

Spielen wir am Computer oder auf dem Smartphone ein Spiel, so wird gerne der Begriff *zocken* verwendet. So modern der Ausdruck auch klingen mag, er ist tatsächlich sehr alt und leitet sich von dem jiddischen Wort *zschocken* her, das auf deutsch letztendlich nur *spielen* heißt.

„00" als Hinweis auf Toiletten

Neben dem klassischen WC wird eine Toilette oft mit den beiden Ziffern „00" bezeichnet. Doch woher kommt das? Es ist bis heute nicht gänzlich geklärt, aber die größte Wahrscheinlichkeit spricht dafür, dass die „00" aus dem Hotelgewerbe stammt. Dort werden die normalen Zimmer meist mit drei Ziffern bezeichnet, wobei die erste für das Stockwerk steht, und die beiden hinteren Ziffern das konkrete Zimmer benennen. Beispielsweise 104 für das vierte Zimmer im ersten Stock, oder 308 für das achte Zimmer im dritten Stock.

In früheren Zeiten war es üblich, dass sich auf jedem Stockwerk des Hotels eine für alle Gäste zugängliche Toilette befand. Diese musste eine eindeutige Bezeichnung tragen, damit sie nicht mit einem Zimmer verwechselt werden konnte und schnell aufzufinden war. Die Hotelbetreiber entschieden sich für die „00", da diese Nummerierung zum einen nur aus zwei Ziffern bestand, und damit einen deutlichen Unterschied zu den übrigen Hotelzimmern aufwies. Zum anderen, weil sich die Toilette meist am Anfang oder am Ende eines Hotelflurs befand, und damit entweder vor oder hinter allen anderen Räumen lag.

Literaturverzeichnis & Quellenangaben

Demandt, Alexander: „Die Kelten", C.H. Beck 2005
Fischer-Fabian, S.: „Die deutschen Kaiser – Triumph und Tragödie der Herrscher des Mittelalters", Verlag Bastei Lübbe 2003
Fischer-Fabian, S.: „Karl der Große – Der erste Europäer", Verlag Bastei Lübbe 2004
Fossier, Robert: „Das Leben im Mittelalter", Piper 2010
Fuhrmann, Horst: „Einladung ins Mittelalter", C.H. Beck 2004
Fuhrmann, Horst: „Überall ist Mittelalter", C.H. Beck 2003
Gutknecht, Christoph: „Lauter böhmische Dörfer – Wie die Wörter zu Ihrer Bedeutung kamen" C.H. Beck, 2009
Gutknecht, Christoph: „Pustekuchen! Lauter kulinarische Wortgeschichten", C.H. Beck 2005
Gutknecht, Christoph: „Von Treppenwitz bis Sauregurkenzeit – Die verrücktesten Wörter im Deutschen", Ch.H. Beck, 2008
Internetseiten de.wikipedia.org, de.wiktionary.org, duden.de und geo.de
Kluge, Friedrich: „Etymologisches Wörterbuch der deutschen Sprache", Verlag De Gruyter 2002
Knopp, Guido: „Die Deutschen – Vom Mittelalter bis zum 20. Jahrhundert", Goldmann 2009
Köster, Rudolf: „Wer hat den Teufel an die Wand gemalt? – Redensarten – wo sie herkommen, was sie bedeuten", Dudenverlag, 2014
Krause, Jochen: „Klappe zu, Affe tot – Woher unsere Redewendungen kommen", Rowohlt 2014
Legros, Waltraud: „Was die Wörter erzählen – Eine kleine etymologische Fundgrube", dtv 2003
Losse, Michael: „Kleine Burgenkunde", Regionalia Verlag 2011
P.M. Frage & Antwort (diverse Magazine und Jahrgänge)
P.M. History (diverse Magazine und Jahrgänge)
P.M. Magazin (diverse Magazine und Jahrgänge)
Schmieder, Felicitas: „Die mittelalterliche Stadt", WBG 2005
Schubert, Ernst: „Fress- und Sauffgrewel – Was man im Mittelalter aß und trank" WBG, 2005
Vogt, Martin: „Deutsche Geschichte – Von den Anfängen bis zur Gegenwart" Fischer Taschenbuch Verlag 2006
Wagner, Gerhard: „Schwein gehabt! Redewendungen des Mittelalters", Regionalia Verlag 2014
Wagner, Gerhard: „Wer's glaubt wird selig! – Redewendungen aus der Bibel", Regionalia Verlag 2012

Inhaltsverzeichnis

Albtraum	7
Apokalypse	7
Autobahn	7
Balearen	7
Banause	8
Bank	8
Barbecue (BBQ)	8
Berlin	9
Besitz	9
Bibel	10
Bikini	10
Blaues Blut	10
Bleistift	11
Bluetooth	12
Bockwurst	12
Bocksbeutel	12
Bonze	12
Bourbon Whisky	13
Boykott	13
Brautstrauß	13
Brezel	14
Briefmarke	15
Buenos Aires	17
Bulle	17
Bundeskanzler	17
Bunt	18
Bürger	18
Burrito	18
Carpaccio	18
Catwalk	18
Christen	19
Christstollen	20
Countdown	20
Dämlich	20
Dauerbrenner	21
Deutsch	21
Donnerstag ist Kinotag	22
Dracula	23
Drittes Reich	23
Ehe	24
Ein Buch aufschlagen	24
Eine Stunde hat 60 Minuten	24
Eisbein	26
Erpressung	27
Eskimo	27
Fahrschein bitte!	27
Fasching	28
Faschismus	29
Feuilleton	29
Flohmarkt	30
Florenz	30
Freibier	31
Führerschein	31
Gelbe Seiten	32
Glamour	32
Google	33
Gotik	33
Grönland	34
Grotesk	34
Gugelhupf	34
Halleluja	34
Hallo!	35
Hamburger	35
Hobby	35
Hochdeutsch	36
Hochzeit in Weiß	36
Honeymoon	37
Hundeschwanz	37
Hurrican	37
Idiot	37
Infanterie	38
Iran	38
Jeans	39
Jeep	39
Jubiläum	40
Kaff	41
Kanzlei	41
Kathedrale	41
Katholisch	42
Kavaliersdelikt	42
Kindergarten	42
Kitsch	42
Knete	42
Könige und Kaiser	43
Küche	44
Lampenfieber	45
Lasagne	45
Limousine	45
Lobbyismus	46
Loge	46
Loreley	46
Made in Germany	47
Magenbitter	47
Märchen	48
Menü mit mehreren Gängen	48
Miesmuscheln	49
Milchstraße	49
Moin!	50
Moloch	50
Nesthäkchen	51
Ohrfeige	51
Ostern	51
Otto Normalverbraucher	53
Panik	53
Parfüm	54
Paris	54
Peinlich	54
Pfingsten	54
Pumpernickel	54
Punsch	55
Prost!	55
Pyramide	55
Quarantäne	55
Rap	56
Rechtsverkehr auf deutschen Straßen	56
Rio de Janeiro	58
Ritter	58
Russisches Brot	58
Sabotage	58
Satan	59
Satzzeichen	59
Seifenoper	60
Schiffsladung löschen	60
Schlachtenbummler	61
Schlampe	61
Schloss	62
Schneekugel	62
Schnitzeljagd	62
Schrebergärten	63
Schreiben von links nach recht	63
Schultüte	64
Schwarzes Brett	64
Schweigeminute	64
Schweiz	65
Schwül	65
Sekt	65
Servus!	66
Shampoo	66
Showdown	66
Silberblick	66
Silhouette	67
Skandinavien	67
Sklave	68
Slapstick	68
Smoking	68
Soho	69

Soldat..69	Unter den Linden...73
Sorbet..69	Urlaub..73
Spa...70	Utopia..73
Spätzle..70	Vandalismus..74
Splitterfasernackt..70	Vaterland...74
Stockdunkel...70	V-Mann..75
Stümper...71	Voilà!..75
Stuttgart...71	Walpurgisnacht...75
Tapete..71	Wiener Würstchen..76
Tropen..72	Wolke...76
Toast Hawaii..72	Zapfenstreich..77
Türmen...72	Zimtzicke...78
Uhrzeigersinn..72	Zocken...78
Underdog...73	„00" als Hinweis auf Toiletten......................78